書名：《玄空古義四種通釋》《地理疑義答問》合刊
系列：心一堂術數古籍珍本叢刊　堪輿類　沈氏玄空遺珍
作者：沈瓞民

主編、責任編輯：陳劍聰
心一堂術數古籍珍本叢刊編校小組：陳劍聰　素聞　梁松盛　鄒偉才　虛白盧主

出版：心一堂有限公司
地址／門市：香港九龍尖沙咀東麼地道六十三號好時中心LG 六十一室
電話號碼：+852-6715-0840　+852-3466-1112
網址：publish.sunyata.cc
電郵：sunyatabook@gmail.com
網上書店：http://book.sunyata.cc
網上論壇：http://bbs.sunyata.cc/

版次：二零一四年六月初版
平裝

定價：
港幣　一百五十元正
人民幣　一百五十元正
新台幣　五百八十元正

國際書號：ISBN 978-988-8266-83-8

香港及海外發行：香港聯合書刊物流有限公司
地址：香港新界大埔汀麗路三十六號中華商務印刷大廈三樓
電話號碼：+852-2150-2100
傳真號碼：+852-2407-3062
電郵：info@suplogistics.com.hk

台灣發行：秀威資訊科技股份有限公司
地址：台灣台北市內湖區瑞光路七十六巷六十五號一樓
電話號碼：+886-2-2796-3638
傳真號碼：+886-2-2796-1377
網路書店：www.govbooks.com.tw
www.bodbooks.com.tw
經銷：易可數位行銷股份有限公司
地址：台灣新北市新店區寶橋路二三五巷六弄三號五樓
電話號碼：+886-2-8911-0825
傳真號碼：+886-2-8911-0801
email：book-info@ecorebooks.com
易可部落格：http://ecorebooks.pixnet.net/blog

中國大陸發行・零售：心一堂書店
深圳地址：中國深圳羅湖立新路六號東門博雅負一層零零八號
電話號碼：+86-755-8222-4934
北京地址：中國北京東城區雍和宮大街四十號
心一店淘寶網：http://sunyatacc.taobao.com

心一堂術數古籍珍本整理叢刊 總序

術數定義

術數，大概可謂以「推算（推演）、預測人（個人、群體、國家等）、事、物、自然現象、時間、空間方位等規律及氣數，並或通過種種『方術』，從而達致趨吉避凶或某種特定目的」之知識體系和方法。

術數類別

我國術數的內容類別，歷代不盡相同，例如《漢書・藝文志》中載，漢代術數有六類：天文、曆譜、五行、蓍龜、雜占、形法。至清代《四庫全書》，術數類則有：數學、占候、相宅相墓、占卜、命書、相書、陰陽五行、雜技術等，其他如《後漢書・方術部》、《藝文類聚・方術部》、《太平御覽・方術部》等，對於術數的分類，皆有差異。古代多把天文、曆譜、及部份數學均歸入術數類，而民間流行亦視傳統醫學作為術數的一環；此外，有些術數與宗教中的方術亦往往難以分開。現代學界則常將各種術數歸納為五大類別：命、卜、相、醫、山，通稱「五術」。

本叢刊在《四庫全書》的分類基礎上，將術數分為九大類別：占筮、星命、相術、堪輿、選擇、三式、讖諱、理數（陰陽五行）、雜術（其他）。而未收天文、曆譜、算術、宗教方術、醫學。

術數思想與發展——從術到學，乃至合道

我國術數是由上古的占星、卜筮、形法等術發展下來的。其中卜筮之術，是歷經夏商周三代而通過

「龜卜、蓍筮」得出卜（筮）辭的一種預測（吉凶成敗）術，之後歸納並結集成書，此即現傳之《易經》。經過春秋戰國至秦漢之際，受到當時諸子百家的影響、儒家的推崇，遂有《易傳》等的出現，原本是卜筮術書的《易經》，被提升及解讀成有包涵「天地之道（理）」之學。因此，《易·繫辭傳》曰：「易與天地準，故能彌綸天地之道。」

漢代以後，易學中的陰陽學說，與五行、九宮、干支、氣運、災變、律曆、卦氣、讖緯、天人感應說等相結合，形成易學中象數系統。而其他原與《易經》本來沒有關係的術數，如占星、形法、選擇，亦漸漸以易理（象數學說）為依歸。《四庫全書·易類小序》云：「術數之興，多在秦漢以後。要其旨，不出乎陰陽五行，生尅制化。實皆《易》之支派，傳以雜說耳。」至此，術數可謂已由「術」發展成「學」。

及至宋代，術數理論與理學中的河圖洛書、太極圖、邵雍先天之學及皇極經世等學說給合，通過術數以演繹理學中「天地中有一太極，萬物中各有一太極」（《朱子語類》）的思想。術數理論不單已發展至十分成熟，而且也從其學理中衍生一些新的方法或理論，如《梅花易數》、《河洛理數》等。

在傳統上，術數功能往往不止於僅僅作為趨吉避凶的方術，及「能彌綸天地之道」的學問，亦有其「修心養性」的功能，「與道合一」（修道）的內涵。《素問·上古天真論》：「上古之人，其知道者，法於陰陽，和於術數。」數之意義，不單是外在的算數、歷數、氣數，而是與理學中同等的「道」、「理」--心性的功能，北宋理氣家邵雍對此多有發揮：「聖人之心，是亦數也」、「萬化萬事生乎心」、「心為太極」。《觀物外篇》：「先天之學，心法也。……蓋天地萬物之理，盡在其中矣，心一而不分，則能應萬物。」反過來說，宋代的術數理論，受到當時理學、佛道及宋易影響，認為心性本質上是等同天地之太極。天地萬物氣數規律，能通過內觀自心而有所感知，即是內心也已具備有術數的推演及預測、感知能力；相傳是邵雍所創之《梅花易數》，便是在這樣的背景下誕生。

《易・文言傳》已有「積善之家，必有餘慶；積不善之家，必有餘殃」之說，至漢代流行的災變說及讖緯說，我國數千年來都認為天災，異常天象（自然現象），皆與一國或一地的施政者失德有關；下至家族、個人之盛衰，也都與一族一人之德行修養有關。因此，我國術數中除了吉凶盛衰理數之外，人心的德行修養，也是趨吉避凶的一個關鍵因素。

術數與宗教、修道

在這種思想之下，我國術數不單只是附屬於巫術或宗教行為的方術，又往往是一種宗教的修煉手段──通過術數，以知陰陽，乃至合陰陽（道）。「其知道者，法於陰陽，和於術數。」例如，「奇門遁甲」術中，即分為「術奇門」與「法奇門」兩大類。「法奇門」中有大量道教中符籙、手印、存想、內煉的內容，是道教內丹外法的一種重要外法修煉體系。甚至在雷法一系的修煉上，亦大量應用了術數內容。此外，相術、堪輿術中也有修煉望氣（氣的形狀、顏色）的方法；堪輿家除了選擇陰陽宅之吉凶外，也有道教中選擇適合修道環境（法、財、侶、地中的地）的方法，以至通過堪輿術觀察天地山川陰陽之氣，亦成為領悟陰陽金丹大道的一途。

易學體系以外的術數與的少數民族的術數

我國術數中，也有不用或不全用易理作為其理論依據的，如揚雄的《太玄》、司馬光的《潛虛》。也有一些占卜法、雜術不屬於《易經》系統，不過對後世影響較少而已。

外來宗教及少數民族中也有不少雖受漢文化影響（如陰陽、五行、二十八宿等學說）但仍自成系統的術數，如古代的西夏、突厥、吐魯番等占卜及星占術，藏族中有多種藏傳佛教占卜術、苯教占卜術、擇吉術、推命術、相術等；北方少數民族有薩滿教占卜術；不少少數民族如水族、白族、布朗族、佤族、彝族、苗族等，皆有占雞（卦）草卜、雞蛋卜等術，納西族的占星術、占卜術，彝族畢摩的推命術、占卜術……等等，都是屬於《易經》體系以外的術數。相對上，外國傳入的術數以及其理論，對我國術數影響更大。

曆法、推步術與外來術數的影響

我國的術數與曆法的關係非常緊密。早期的術數中，很多是利用星宿或星宿組合的位置（如某星在某州或某宮某度）付予某種吉凶意義，并據之以推演，例如歲星（木星）、月將（某月太陽所躔之宮次）等。不過，由於不同的古代曆法推步的誤差及歲差的問題，若干年後，其術數所用之星辰的位置，已與真實星辰的位置不一樣了；此如歲星（木星），早期的曆法及術數以十二年為一周期（以應地支），與木星真實周期十一點八六年，每幾十年便錯一宮。後來術家又設一「太歲」的假想星體來解決，是歲星運行的相反，週期亦剛好是十二年。而術數中的神煞，很多即是根據太歲的位置而定。又如六壬術中的「月將」，原是立春節氣後太陽躔娵訾之次而稱作「登明亥將」，至宋代，因歲差的關係，要到雨水節氣後太陽才躔娵訾之次，當時沈括提出了修正，但明清時六壬術中「月將」仍然沿用宋代沈括修正的起法沒有再修正。

由於以真實星象周期的推步術是非常繁複，而且古代星象推步術本身亦有不少誤差，大多數術數除依曆書保留了太陽（節氣）、太陰（月相）的簡單宮次計算外，漸漸形成根據干支、日月等的各自起例，以起出其他具有不同含義的眾多假想星象及神煞系統。唐宋以後，我國絕大部份術數都主要沿用這一系統，也出現了不少完全脫離真實星象的術數，如《子平術》，《紫微斗數》、《鐵版神數》等。後來就連一些利用真實星辰位置的術數，如《七政四餘術》及選擇法中的《天星選擇》，也已與假想星象及神煞混合而使用了。

隨着古代外國曆（推步）、術數的傳入，如唐代傳入的印度曆法及術數，元代傳入的回回曆等，其中我國占星術便吸收了印度占星術中羅睺星、計都星等而形成四餘星，又通過阿拉伯占星術而吸收了其中來自希臘、巴比倫占星術的黃道十二宮、四元素學說（地、水、火、風），並與我國傳統的二十八宿、五行說、神煞系統並存而形成《七政四餘術》。此外，一些術數中的北斗星名，不用我國傳統的星名：天樞、天璇、天璣、天權、玉衡、開陽、搖光，而是使用來自印度梵文所譯的：貪狼、巨門、祿存、文曲，廉貞、武曲、破軍等，此明顯是受到唐代從印度傳入的曆法及占星術所影響。如星命術的《紫微斗數》及堪輿術的《撼龍經》等文獻中，其星皆用印度譯名。及至清初《時憲曆》，置閏之法則改用西法「定氣」。清代以後的術數，又作過不少的調整。

陰陽學——術數在古代、官方管理及外國的影響

術數在古代社會中一直扮演着一個非常重要的角色，影響層面不單只是某一階層、某一職業、某一年齡的人，而是上自帝王，下至普通百姓，從出生到死亡，不論是生活上的小事如洗髮、出行等，大事如建房、入伙、出兵等，從個人、家族以至國家，從天文、氣象、地理到人事、軍事，從民俗、學術到宗教，都離不開術數的應用。我國最晚在唐代開始，已把以上術數之學，稱作陰陽（學），行術數者稱陰陽人。（敦煌文書、斯四三二七唐《師師漫語話》：「以下說陰陽人謾語話」，此說法後來傳入日本，今日本人稱行術數者為「陰陽師」）。一直到了清末，欽天監中負責陰陽術數的官員中，以及民間術數之士，仍名陰陽生。

古代政府的中欽天監（司天監），除了負責天文、曆法、輿地之外，亦精通其他如星占、選擇、堪輿等術數，除在皇室人員及朝庭中應用外，也定期頒行日書、修定術數，使民間對於天文、日曆用事吉

凶及使用其他術數時，有所依從。

中國古代政府對官方及民間陰陽學及陰陽官員，從其內容、人員的選拔、培訓、認證、考核、律法監管等，都有制度。至明清兩代，其制度更為完善、嚴格。

宋代官學之中，課程中已有陰陽學及其考試的內容。（宋徽宗崇寧三年〔一一零四年〕崇寧算學令：「諸學生習……並曆算、三式、天文書。」，「諸試……三式即射覆及預占三日陰陽風雨。天文即預定一月或一季分野災祥，並以依經備草合問為通。」

金代司天臺，從民間「草澤人」（即民間習術數之士）考試選拔：「其試之制，以《宣明曆》試推步，及《婚書》、《地理新書》試合婚、安葬，並《易》筮法，六壬課、三命、五星之術。」（《金史》卷五十一・志第三十二・選舉一）

元代為進一步加強官方陰陽學對民間的影響、管理、控制及培育，除沿襲宋代、金代在司天監掌管陰陽學及中央的官學陰陽學課程之外，更在地方上增設陰陽學之課程（《元史・選舉志一》：「世祖至元二十八年夏六月始置諸路陰陽學。」）地方上也設陰陽學教授員，培育及管轄地方陰陽人。（《元史・選舉志一》：「（元仁宗）延祐初，令陰陽人依儒醫例，於路、府、州設教授員，凡陰陽人皆管轄之，而上屬於太史焉。」）自此，民間的陰陽術士（陰陽人），被納入官方的管轄之下。

至明清兩代，陰陽學制度更為完善。中央欽天監掌管陰陽學，明代地方縣設陰陽學正術，各州設陰陽學典術，各縣設陰陽學訓術。陰陽人從地方陰陽學肆業或被選拔出來後，再送到欽天監考試。（《大明會典》卷二二三：「凡天下府州縣舉到陰陽人堪任正術等官者，俱從吏部送（欽天監），考中，送回選用；不中者發回原籍為民，原保官吏治罪。」）清代大致沿用明制，凡陰陽術數之流，悉歸中央欽天監及地方陰陽官員管理、培訓、認證。至今尚有「紹興府陰陽印」、「東光縣陰陽學記」等明代銅印，及某某縣某某之清代陰陽執照等傳世。

清代欽天監漏刻科對官員要求甚為嚴格。《大清會典》「國子監」規定：「凡算學之教，設肄業生。滿洲十有二人，蒙古、漢軍各六人，於各旗官學內考取。漢十有二人，於舉人、貢監生童內考取。附學生二十四人，由欽天監選送。教以天文演算法諸書，五年學業有成，舉人引見以欽天監博士用，貢監生童以天文生補用。」學生在官學肄業、貢監生肄業或考得舉人後，經過了五年對天文、算法、陰陽學的學習，其中精通陰陽術數者，會送往漏刻科。而在欽天監供職的官員，《大清會典則例》「欽天監」規定：「本監官生三年考核一次，術業精通者，保題升用。不及者，停其升轉，再加學習。如能黽勉供職，即予開複。仍不及者，降職一等，再令學習三年，能習熟者，准予開複，仍不能者，黜退。」除定期考核以定其升用降職外，《大清律例》中對陰陽術士不準確的推斷（妄言禍福）是要治罪的。《大清律例·一七八·術七·妄言禍福》：「凡陰陽術士不許於大小文武官員之家妄言禍福，違者杖一百。其依經推算星命卜課，不在禁限。」大小文武官員延請的陰陽術士，自然是以欽天監漏刻科官員或地方陰陽官員為主。

官方陰陽學制度也影響鄰國如朝鮮、日本、越南等地，一直到了民國時期，鄰國仍然沿用着我國的多種術數。而我國的漢族術數，在古代甚至影響遍及西夏、突厥、吐蕃、阿拉伯、印度、東南亞諸國。

術數研究

術數在我國古代社會雖然影響深遠，「是傳統中國理念中的一門科學，從傳統的陰陽、五行、九宮、八卦、河圖、洛書等觀念作大自然的研究。……傳統中國的天文學、數學、煉丹術等，要到上世紀中葉始受世界學者肯定。可是，術數還未受到應得的注意。術數在傳統中國科技史、思想史，文化史、社會史，甚至軍事史都有一定的影響。……更進一步了解術數，我們將更能了解中國歷史的全貌。」（何丙郁《術數、天文與醫學中國科技史的新視野》，香港城市大學中國文化中心。）

可是術數至今一直不受正統學界所重視，加上術家藏秘自珍，又揚言天機不可洩漏，「（術數）乃吾國科學與哲學融貫而成一種學說，數千年來傳衍嬗變，或隱或現，全賴一二有心人為之繼續維繫，賴以不絕，其中確有學術上研究之價值，非徒癡人說夢，荒誕不經之謂也。其所以至今不能在科學中成立一種地位者，實有數困。蓋古代士大夫階級目醫卜星相為九流之學，多恥道之；而發明諸大師又故為惝恍迷離之辭，以待後人探索；間有一二賢者有所發明，亦秘莫如深，既恐洩天地之秘，復恐譏為旁門左道，始終不肯公開研究，成立一有系統說明之書籍，貽之後世。故居今日而欲研究此種學術，實一極困難之事。」（民國徐樂吾《子平真詮評註》，方重審序）

現存的術數古籍，除極少數是唐、宋、元的版本外，絕大多數是明、清兩代的版本。其內容也主要是明、清兩代流行的術數，唐宋以前的術數及其書籍，大部份均已失傳，只能從史料記載、出土文獻、敦煌遺書中稍窺一鱗半爪。

術數版本

坊間術數古籍版本，大多是晚清書坊之翻刻本及民國書賈之重排本，其中豕亥魚魯，或而任意增刪，往往文意全非，以至不能卒讀。現今不論是術數愛好者，還是民俗、史學、社會、文化、版本等學術研究者，要想得一常見術數書籍的善本、原版，已經非常困難，更遑論稿本、鈔本、孤本。在文獻不足及缺乏善本的情況下，要想對術數的源流、理法、及其影響，作全面深入的研究，幾不可能。

有見及此，本叢刊編校小組經多年努力及多方協助，在中國、韓國、日本等地區搜羅了一九四九年以前漢文為主的術數類善本、珍本、鈔本、孤本、稿本、批校本等數百種，精選出其中最佳版本，分別輯入兩個系列：

一、心一堂術數古籍珍本叢刊

二、心一堂術數古籍整理叢刊

前者以最新數碼技術清理、修復珍本原本的版面，更正明顯的錯訛，部份善本更以原色精印，務求更勝原本，以饗讀者。後者延請、稿約有關專家、學者，以善本、珍本等作底本，參以其他版本，進行審定、校勘、注釋，務求打造一最善版本，供現代人閱讀、理解、研究等之用。不過，限於編校小組的水平，版本選擇及考證、文字修正、提要內容等方面，恐有疏漏及舛誤之處，懇請方家不吝指正。

心一堂術數古籍 珍本 整理 叢刊編校小組

二零一三年九月修訂

序

杭縣沈子瓞民。著玄空古義四種通釋。屬序於余。余讀其書。喟然曰。形家玄空之說。出於郭氏景純。郭氏引而未發。迨楊筠松始以挨星明之。清初蔣平階氏。爲之傳註。辭隱意晦。讀者驟難通曉。世人既多習三合。於是羣疑筠松無此法。蔣氏特一人之私言。甚或擬於洪水猛獸。今此古義四種。爲宋明以來傳書。皆在蔣氏之前。其所論列。上不違筠松之旨趣。下亦與蔣氏之說相通貫。然則蔣氏果非一人之私言矣。古義四種。沈氏玄空學一書。曾已收入。瓞民治經之餘。重爲通釋。以儒者之雅博。繹深湛之舊文。惟恐古義弗宣。後學難知。於是其所知者莫不肯言。言者莫不肯盡。自非通人達識。未易若此。以視蔣氏之謬託天寶。固閉深藏。度量相越。豈不遠哉。玄空淵源於易。易之道時與位二者盡之。玄空卽時與位二者之理。而時尤重於位。故其法。以天心爲衡。以生旺爲準。而星卦二例。實挈入用之綱。向兼以星起。起星之例也。不兼微兼皆以卦起。下卦之例也。其兩片三卦等法。星卦之條理也。城門合十三般等法。星卦之輔佐也。打刦零正生成入囚反吟伏吟生尅出入等法。星卦之羽翼也。合星卦之二例。爲玄空之挨星。挨星旣以一法攝衆法。卽以衆法奉一法。綱舉目張。有條不紊。至精至密。亦易亦簡。自昔以來。得門或寡。羣相珍祕。在智猶惑。中人以下。方欲問津。已入斷港。愈學愈歧。終於皓首。飈民　先德竹礽先生。精研易理。覃及玄空。憫其若此。舉所識前賢授受心法。入用領要。及一切義理度數。詳明愷切以述之。其論著雖頗散佚。存於自得齋叢說者。玄空之法。亦云備矣。又復徵之於實。而註仲山宅斷。稽之於古。而著地理辨正抉要。所以截僞續眞。廣前聞開後學者。如是其急也。可不謂仁賢乎。 先生有天下大名。從之游者徧東南。其遺著長留人間。愍民既世其學。繼志述事而著茲編。其言亦猶 先生之言也。善讀者玩索有得。則行由斯路。出入斯門。昔時荊棘。已爲坦途。玄空之學。其將興乎。昔蔣氏因辨正一書。聚訟紛紜。至今二百餘年。得失是非。卒未論定也。夫玄空用八卦九宮。其源出於易。三合用十二支十干。其源亦出於易。三合之本法。果爲僞乎。三合之有僞法。不善學者之咎。智者過之。愚者不及。過與不及。實生僞法。玄空之有僞法。亦猶是也。三合重左右旋。習玄空者。多非笑之。習三合者。亦或愧言之。不知道不遠人。而精義入神。斯其所以足多。左右旋者。果非陰陽進退。乾坤往來。二氣感應以相與之明徵乎。以形言之山與水必左右旋。然後陰陽相逆。相逆然後相交。相交然後陰陽和。葬也者。葬於陰陽相交之和之中者也。以理言之。水爲陽山爲陰。山水左右旋。然後陰陽相見。相見然後相會。相會然後陰陽爲一。由兩儀返於太極。穴法者。定太極之法也。葬於陰陽相交之和之中。穴定而太極定。夫然後時與位之功用。可得而言。準斯以談。三合不惟非僞。且宜用之於山巒之次。玄空之前。蓋山巒體也。玄空用也。三合亦體亦用。介於其間者也。至若三合喜用兼向。尤爲習玄空者之所詬病。不知此又用半之術。亦卽加倍之理。三合固用兼法。玄空亦用兼法。未以兼向爲非也。一卦三爻。三元分用者。挨星之條理也。不明此法。星卦無由飛布。而非用以定向之謂。定向在挨星前。挨星在定向後。定向之法。以地形天然融結爲本。兼以驗之於局。證之於龍。所謂純者。龍向砂水城門皆純。固純也。所謂雜者。龍向砂水城門皆雜。亦雜之純也。向法者。觀其會通而已。戕賊杞柳而以爲桮棬則非也。向旣定矣。則或用起星。或用下卦。亦因之以定。然後以三元挨星。察其生旺。爲何。以明取用之時。乃玄空正法也。世之習玄空者。未盡明星卦二例之理。於是以挨星法三元分用者。爲立向之準繩。則狹且滯矣。以余所見。地形天然融結。兼向實爲至多。因悟三合必明定兼向之例。蔣氏必深祕起星之法。皆有奧義。俱宜深思。夫天玄地黃。玄黃者雜也。剛柔相摩。八卦相盪。摩盪亦雜也。雜也者。交也。交也者。二氣之感應以相與也。二氣旣感應以相與。則無時無地不在相雜之中。易之理卽雜之理。理氣之用亦雜之用。所謂純者。

與雜相對而爲言。卽雜之彝倫也。非雜之外有純也。故知天地之雜。始可言天地之純。三合用兼。四六亦非所取。此與玄空無以異。其取用者。三七二八。二八可通於玄空之下卦。三七可通於玄空之起星。其妙合無間如此。蔣氏明敏聰慧。十年冥悟。萬里探奇。精勤如此。兼得師傳。固明玄空。抑豈不明三合。然而闢之者。不破不立。亦聊以固吾圉也。昔賢道術。其本源同者。其用多可相通。知其精義之所存。自可並行而不悖。八卦九宮十干十二支。皆所以明乾坤之用。亦皆所以用乾坤。玄空以八卦九宮明時間陰陽之摩盪。三合以十干十二支明空間二氣之迴旋。一經一緯。一縱一横而已。孔答鄙問。必扣兩端。韓非法家。亦重參伍。理氣必兼設二例。方能運用不滯。肆應無窮。得其會通。本自一貫。否則肝胆胡越矣。莊生有言。後世之學者。不幸不見天地之純。古人之大體。道術將爲天下裂。蔣氏因闢三合。致習玄空者。羣疑三合。於是三合與玄空裂。又珍祕起星之法。致習玄空者。兼疑起星。於是起星與下卦裂。復不肯明言下卦之用。而咨嗟詠歎以述挨星法之三元分用。致習玄空者。更疑挨星專用於單向。玄空僅有單向之一法。於是下卦且與下卦裂。此秘之一念。階之厲也。可不爲太息乎。余又嘗聞。篛松當時。携入遊山。所授理氣。實爲三合。及其著書。兼傳玄空。蓋三合精粹簡要。口授可詳。玄空深滙富瞻。非書不明。以其一文而一質。故有傳書傳訣之不同。亦猶山巒之法。疑龍撼龍二經高矣美矣。如求口訣。又在總索倒杖之間。疑龍撼龍。猶玄空也。總索倒杖。猶三合也。疑龍撼龍。註之者莫能闡其精蘊。總索識者益寡。倒杖密傳至宋始出。論者

或以爲僞。昔賢高深。杲非易測者也。異日余與㸚民。揭三合之理。供之于
世。使學者知類通達。庶幾衆轍一軌。入于該備之域矣。爰爲序而略言之。
覽者以余爲無端厓恣縱不儻否乎。均縣蕭萱

序

玄空之學。由來舊矣。蓋自易緯肇其端。鄭註闡其微。而太一下行九宮之理。迺粲然著明於世。玄者。一也。說詳楊子法言。一卽坎矣。誼見五行大義。玄空之以玄名者。黃帝九宮經所謂「太一之始。始於坎宮」是玄殆坎一之異稱歟。空之爲言。猶云竅也。竅有九。故云九竅。路史註引「壺子曰。黃帝作九竅。以定九宮。」蓋空卽竅。竅卽九。九於洛書之方位。當後天之離卦。有若一於洛書之方位。當後天之坎卦者然。是空又離九之異稱歟。號玄空。猶言坎離也。何以徵之。夫坎象爲水。水深者玄。離象爲火。火空則明。故知玄空其名。正卽坎離其實也。然所以先言玄而後言空者。何耶。叙一九之數。攝始終之誼爾。夫數之始。生於一。而數之終。窮於九。九窮則變。

變復生一。如是循環。轉運不息。此玄空之理。挨排之術。所由建歟。更欲溯流窮源。則導其機者。實發自玄聖之繫傳。一則曰「五位相得而各有合。」再則曰「成變化而行鬼神。」此玄空之師說。九雒之心傳也。何以相得。何以有合。何以變化。何以運行。非深於玄空之學者。類不能達其理而明其故。獨乾鑿度乃曰「太一取其數以行九宮。」洵堪謂一言以蔽之矣。第所謂九宮者。何耶。徵諸班固白虎通辟雍之篇。蔡邕明堂月令之論。則知九宮之說。蓋古明堂之遺制也。至其各宮之數。排列之序。始見於大戴禮盛德之篇。詳載於子華子大道之章者。殆正所謂洛書之圖象矣。漢有康成。一代之大儒。萃西京東京兩朝之師說。融今文古文兩家爲經誼。其註易緯。則謂「太一下行八卦之宮。從坎宮始。終於離宮。」可見玄空飛挨之法。在漢時已行之矣。惟此迺順飛順挨之法爾。康成又曰。「陽起於子。陰起於午。」子謂坎一。午謂離九。順局起坎一而進坤二乃至離九。逆局起離九而退艮八乃至坎一。是則陽順陰逆之分。康成亦辨之矣。

凡上所述。皆玄空學說之淵源也。明其理而得其傳者。晉有郭景純。唐有楊救貧。宋有陳圖南。明有蔣杜陵。至現代而有錢塘沈公父子。夫景純之學。去今已遠。其術絕傳。不可識已。其書眞僞。不可辨已。後世堪輿家所奉爲圭臬者。導源浚泉。首推救貧。獨惜晦言競祕。純成術士之風。隱訣傳疑。反闢僞書之路。玄空不彰。職是故爾。傳其學者曾公亮著青囊序行世。而追溯淵源。乃曰「晉世景純傳此術。演經立義出玄空。」其說是非。不可詰已。圖南之學。最精易象。數傳而得廖金精。其術與賴太素齊稱。世之言堪輿學者。必數曰。楊曾廖賴四大家。

唐呂才陰陽書葬論曰「近代葬書。出於巫史。附妄憑妖。乃有百二十家。」宅論又曰。「百二十家。皆係妖妄之談。」而救貧再傳弟子所著都天寶照經亦曰。「百二十家渺無訣。」然後知救貧所說者方是玄空之精義。其餘百二十家。盡皆僞術。不足道也。然自宋元迄今。秦半猶存。迺術士奉爲科律。不亦惑乎。

逮杜陵出而著書「辨正。」上以繼救貧之絕學。下以啓相地之眞傳。其功誠足多矣。惜乎誤解天機。不敢洩其祕而發其要。仍未脫乎方技之故習。卽其及門姜汝皋。所註奧語。詞仍閃爍。致使後之註疏辨正者。皆誤解其書。雖有百餘十家之衆而浮詞蕪語。影響模糊。蓋一無足取。甚至穿鑿附會。杜撰妄作者。接踵而起。於是三元亦有僞術。反爲相地者添一枝節矣。豈杜陵當日撰辨正時。所夢見及此者乎。諸書之中。差可佐證足資參考者。僅張心言之辨正疏。章仲山之辨正直解。温明遠之辨正續解等三家而已。然於杜陵精髓處。非隱則誤。仍不免乎有疵。

今幸沈公宣洩不傳之祕訣。闡明垂絕之微言。表彰玄空之學。完成相地之術。而後蔣法登峯造極。盡美且善。有如日月出而爝火息矣。蓋其爲學。深入精妙。前無古人。發人之所不能發。明人之所不易明。乃至言人之所不敢言。著稱者有羅經。挨星。替卦。城門訣。反伏吟。令星入囚。生成合十七星打刼。四十八局諸訣。用之於卜地葬親。可免上山下水、反吟、伏吟、以及兼向、差錯、出卦、諸病。誠仁人孝子之福音也。
而其隻眼獨具。心得獨到之處。尤在兼向之起星。替卦之闡明。按楊公青囊奧語。首載坤壬乙之訣。蔣法替卦。實淵源於此。第傳其衣缽者。獨於此訣宣而不露。至歷來註家。又或竄改文字。或枝添蛇足。皆與蔣氏之說。枘鑿而不相入。姜汝皋外。惟章仲山辨正直解。姚銘三辨正再辨。能知有起星之殊例。其他雖張心言辨正疏。溫明遠辨正續解。亦皆誤合下卦起星而爲一。至如朱小鶴辨正補。榮錦鏕辨正翼。詭謬更無論矣。尹有本據逸語。翻出四十八局。是不明起星之例也。蔡岷山地理求眞。又誤於每元必備九星。而更改星名。周梅梁仁孝必讀。則又誤混於城門一訣。于楷地理錄要。所采獨多。惜訣眞而挨法又誤。卽吳錦泉圖書發微。歐陽純風水一書書。雖皆源合姜氏。而挨法又不合。此奧語之所以失傳。而替卦之所以難知也。

惟我沈公。精究地理四十年。得汝皋從師隨筆一書。遂暢發替卦之精微。完成天心之效用。皆其博覽羣書。融通一貫。研幾易象。精邃數理。故能直接眞傳。廓清僞謬。剪除荊棘。獨闢康莊。集歷來玄空學之大成。以是表其心得。著之簡册。福利當時。明詔後學。洵杜陵之功臣。不世之名師也。後之言「地理辨正」者。皆欲折中於錢塘矣。瀚清 研究玄空之學有年。親炙瓞公。得替卦等眞傳。悟希有之新誼。故知之獨詳。茲値 瓞公復以所著玄空古義四種。刋印行世。又將爲仁人孝子添一福音矣。不禁私心雀躍。故樂而謹爲之序。

中華民國二十九年夏曆庚辰正月上海陳瀚清拜識

玄空祕旨通釋

杭縣沈祖緜釋

江志伊曰。按此篇有蔣註本。及鮑士選註本。均題宋吳景鸞著。章仲山註本。題明目講僧著。玩其理論。實與玄機賦同。或本吳景鸞作。而目講傳之歟。茲將原註列於句下。章註則附於每段之後。其字句不同處。亦逐一註明。讀者參證之可也。

不知來路。章作變易 焉知入路。章作但知不易 盤中 章作九星 八卦皆空。

〔原註〕開章最重來脈來源。與入首入路。即五行城門一訣之義。故爲至要。若呆拘於坐向。謬曰此是一卦。而實非此一卦也。故曰盤中八卦皆空。

〔鮑註〕來路者。理氣之根。宅之大門。地之來脈。水之三叉是也。入路者。領氣之訣。即宅之門路。墓之明堂是也。識得理氣之根。方知領氣之訣。盤。羅盤也。盤中八卦方位。隨時顚倒轉換。南不是離。北不是坎。東非卯而西非酉。故曰八卦皆空。即玄空之謂也。

按兩註雖言有中肯。然未能切實。來路指各運言。故章本作變易。入路指山向言。章本作不易。並通。山向係不易。每運係變易。蓋能知變易之理。以每運入中不同。而八國流行之氣。亦隨之而變也。盤中兩字。章本作九星誤律以下文凡屬兩字。不能與九星對仗。鮑註以空作玄空解。則失之鑿。八卦者。指不易言。卽洛書。俗所謂地盤或元旦盤是也。每運之盤。指變易言。卽九宮。其流行之氣。隨運而變。與洛書異。此作者言不能僅呆據元旦盤。而不顧各運流行之氣。此卽盤中八卦皆空之意也。

未識內堂。章作不識三般焉識外堂。章作那識兩片局裏章作凡屬五行盡錯。

〔原註〕受外來立極之所。名曰內堂。不解玄空者。不知內堂所受之氣。皆外來之氣。則局裏之五行皆錯矣。

〔鮑註〕內堂。旺神也。堂加諸向首。外堂砂水方位也。堂挨之卦內。明得立向挨加之法。砂水方能取用。若拘定二十四字。則毫釐差而千里謬矣。故曰盡錯。

按。鮑註允。章本作三般兩片。不及內堂外堂四字所包者廣。

乘氣脫氣。章作顚之倒之轉禍福於指掌之間。

〔原註〕以排山掌訣。挨運令之興衰也。

〔鮑註〕氣者。生旺之氣也。得卦中生旺之氣則福。不得卦中生旺之氣則禍。天地之氣。以生旺衰謝分吉凶。故陰陽二宅。重在乘氣也。

按。兩註皆是得生旺之氣曰乘。得衰謝之氣曰脫。玄空挨排。如一運向上一盤挨得一字之處有水。或二字之處有水。卽屬生旺之氣。一乃本運之氣。二乃未來之氣也。又九字之處有水。或八字之處有水。卽屬衰謝之氣。九乃過去之氣。八則去一更遠矣。轉禍福於指掌之間。係排山掌訣。分其順逆知其盛衰。吉則趨之。凶則避之。自能轉禍爲福也。

左挨右挨。辨吉凶於毫芒之際。

〔原註〕吉凶卽在本卦左右。雜與不雜。該順該逆之分。

〔鮑註〕生旺衰謝之氣。兩宮同至。或挨左以乘其吉。或挨右以避其凶。卽毫芒幾微。不宜夾雜。一夾雜卽龍神交戰矣。

按。原註以左挨右挨一卦三山兼向立說。誤也。鮑註亦膚。挨卽山向飛星之挨排。左右者指順逆而言也。立向後。挨排八國。空處宜空。實處宜實。如一運向上一盤。挨着一二三字處有水。或山上一盤。挨着一二三處有山。在三般中。卽得生旺之氣。吉。向上挨着九八七處有水。山上挨着九八七處有山。在三般卦中。卽得衰謝之氣。凶。

一天星斗。運用只在中央。

〔原註〕卽先看龍從何來。路從何至。陽宅以路爲入氣。與水從何入口。便將來脈來路之卦。入中宮取用。

〔鮑註〕中央。中宮也。如天之北辰。衆星環拱。八方從中宮而定。中宮由山向而來。識得此訣。方知運用之妙。

按原註以路之入氣。水之入口。此僅指城門一訣而言。不知城門一訣。由中央而來。不可捨中央而言城門。鮑註以中宮由山向而來。其說殊謬。蓋山向係不易。其挨排因中宮而變。則山向之變易。由中央而來。所謂中央者。一運一入中。二運二入中。三運三入中。四運四入中之類是。八國流行之氣。隨運而變易。而山向之陰陽。亦隨運而變易若此。然後能乘氣脫氣。左挨右挨。方得運用之妙。

千瓣蓮花。根蒂生於點滴。章作九曜干支旋轉由乎北極

〔原註〕來脈來源。即山向之根蒂。所謂月窟天根者此也。

〔鮑註〕山川之氣。騰而爲雲。降而爲雨。故曰水爲氣母。凡墓宅收得吉卦之水。即吸得山川之吉氣。如蓮花之根蒂。生於點滴之水也。

按。兩註皆傳。根蒂即山向。左挨右挨。皆由山向而來。千瓣蓮花言山川之形勢。章本旋轉由乎北極。九宮挨法。由北坎而旋轉。如離九至坎一。九一爲旋轉之機也。如一入中。離五坎六。二入中。離六坎七。三入中。離七坎八。四入中。離八坎九。餘類推。逆排則反是。下章註可參。

右第一段

〔章註〕此言玄空大卦。陰陽五行。縱橫顛倒。變化不測。毫釐千里。甚屬玄微。目講恐讀者無所適從。又將衆星旋轉之機以示之。謂衆星之所以旋轉也。其機在乎北極。陰陽之所以顛倒也。其樞在乎三般。讀者當細細揣之。則縱橫顛倒之機。隨時變易之理。自可得而知之矣。

夫婦相逢於道路。卻嫌阻隔不通情。

〔原註〕若來脈來源一雜他卦。則我該納何氣。不能得何氣矣。故云阻隔。或山水皆從一卦來。經曰。夫婦同行脈路明。須認流郎別處尋。聳水須對宮之卦爲配也。

〔鮑註〕夫向之吉方也。宜有水。婦山之吉方也，宜有山。苟無山水以應之。是爲阻隔。不必上山下水也。

按。原註不及鮑註之當。立向雖合時。而局則相背。仍有凶而無吉。例如宅斷五運扞卯山酉向徐姓祖墓。增廣沈氏玄空學卷三第三十五頁 卯酉雖爲五運旺山旺向。而形巒不當。仍犯上山下水之病。其情阻隔不通矣。

兒孫盡在於門庭。猶忌章作恐 凶頑非孝義。

〔原註〕一卦管三山。雖在一宮之內。而脈有左右之分。須知用此爻則吉。彼爻則凶。即子癸爲吉壬子凶。三字眞假在其中。故用之各別。蓋人元爲順子。地元爲逆子。天可兼人地。而地不能兼天。猶父母之帮子息。是爲一卦純清。

〔鮑註〕山向吉方有砂水以應之固佳。然猶恐情頑形劣。不能端拱朝揖。他日子孫雖盛。必難望其孝順也。

按。原註以來脈來源及立向解之。實似是而非。來脈來源祖宗也。非兒孫也。鮑註以兒孫作子孫解。亦泛。兒孫者。指八國而言。若排水而八國合時之水。形局反背。排山而八國合時之山。形勢巉險。即謂凶頑。理氣雖合。而形巒不合。仍不能視爲吉兆論。

右第二段

〔章註〕相逢者。即山上水裏。陰陽相見。配合生生之謂也。相見而得其所。自有福祿之蔭。相見而不得其所。便是禍咎之根。用法即得是方。或逢形勢反背。水法傾流。似是而非。定有阻隔凶頑之更變矣

此節及下文。總言山上水裏。挨星得失之元微。其中奧妙。全在說卦以推氣。用卦以明理。繫辭以辨吉凶。因形察氣。因氣求形。以推休咎也。

卦爻雜亂。異姓同居。吉凶相併。螟蛉為嗣。

〔原註〕總結上文雜亂之應也。

〔鮑註〕山水昇平吉凶二卦之間。是為雜亂。故有異姓同居之應。向上排來已有吉水。山上排來又有凶巒●更無一吉砂朝拱。有財無丁。宜其螟蛉為嗣也。

〔章註〕出卦則卦氣雜亂。雜亂即龍神交戰。交戰雜亂。自有此應。雜亂指干支方位而言。相併指挨星反伏而言。所謂用得即是相見。用失便謂反吟。

按。章註為勝。反伏見自得齋地理叢說論反吟伏吟篇。（見增廣沈氏玄空學卷一第六至八頁）凡山向飛星五入中者。順排字字與地盤相同。謂之伏吟。逆排字字與地盤合十。不作反吟論。其餘諸字。凡一入中逆排者伏吟在震。順排者反吟在兌。一九相對。故九入中逆排者伏吟在兌。順排者反吟在震。二入中逆排者伏吟在艮。順排者反吟在坤。二八相對。故八入中逆排者伏吟在坤。順排者。反吟在艮。三入中。逆排者。伏吟在巽。順排者。反吟在乾。

三七相對。故七入中。逆排者伏吟在乾。順排者反吟在巽。四入中。逆排者伏吟在離。順排者反吟在坎。四六相對。故六入中。逆排者伏吟在坎。順排者反吟在離。是故逆排有伏而無反。順排有反而無伏。此種反伏吟。與居向首者爲禍較輕。然須動靜得宜。否則亦作吉凶相併論。

右第三段

山風値而泉石膏肓。四八

〔原註〕艮被巽尅也。

〔飽註〕艮止巽伏。故有山林之癖。篇中凡言吉者。皆得運。凶者皆失運。人丁指山上言。財祿指水裏言。

〔章註〕艮爲山。止也。陽在上則止。巽爲風。入也。陰在下則伏。止者不事王侯。高尙之士也。伏者山林隱逸。不求聞達於諸侯者也。止伏相投。自有泉石之癖。

按。山風爲蠱。蠱之上九。不事王侯。高尙其事。每見二運乾山巽向。龍自坤兌方來者。兌天盤四。與向上飛星八。山。八也。風。四也。坤方天盤八。向上飛星四。得令時雖入仕途。孤標自賞。不事奔走。又如三運卯山酉向。坤方有城門者。向上飛星八。山上飛星四。亦山風相值。主人有泉石膏肓之癖。

午酉逢而江湖花酒。（章作柳）九七

〔原註〕午酉雖屬同元。而火能剋金。雖無大礙。亦不免好花好酒之癖。

〔鮑註〕離爲目。爲心。爲喜。兌爲妾。爲少女。皆陰柔卦。故有柔媚之象。如八運丙向。主敗風俗。蕩花酒。又有成癆瘵者。蓋癆瘵亦好色之所致也。

〔章註〕離爲火。爲目。爲心。性喜流動。兌爲金。爲少女。爲妾。性愛嬌奢。離。麗也。一陰附於陽。則喜。兌。説也。少陰出於陽則説。離兌相逢。故有江湖花柳之塍也。

按。午離九也。酉兌七也。皆爲陰神。是火剋金。倘山向飛星七九相遇。而天盤係坎一。可以制化。否則必出蕩子淫婦。

虛（章作星）聯奎壁。啓八代之文章。一六或九六

〔原註〕虛。壬也。奎木壁水。在乾戌之間。其中水木相生。雖居金土之位。而有制有化。故有八代文人之應。蓋一元而兼兩元。所謂一六共宗也。

〔鮑註〕星日。離也。文明之宿。奎壁乾也。圖書之宿。六運而直接七八九曰聯。故有八代文章之應。其吉全在一聯字。若但六兼九。反嫌火金爍矣。

〔章註〕星應日。司文章翰墨之神。躔於奎壁。定卜文才傑出。

按。虛字章本作星。鮑本同。似當作虛。取一六共宗也。惟二十八舍因歲差之故。隨時而變。此書重在卦理。今忽以天官釋之。此術家故弄虛玄之技也。原註奎壁在乾戌之間。此天元與地元相雜。與前第二段註意悖。鮑註以連接釋聯。欠妥。聯者同宮也。

胃入斗牛。積千箱之玉帛。七八

〔原註〕胃土在酉庚之位。入於艮丑斗木金牛之位。在下元主富。胃。兌也。斗牛。艮也。艮爲天市垣。又七八相生。故有巨富之應。入者言輔星當飛在水口三叉也。

（章註）胃爲土。主倉廩五穀之府。躔於斗牛。定致千箱之積。

按。原註以酉庚艮丑解之。犯差錯之病。流行之氣。由山向飛星而來。故能七八同宮。都天寶照經曰。乾坤艮巽躔何位。乙辛丁癸落何宮。甲庚壬丙來何地。星辰流轉要相逢。是也。章註以胃躔斗牛。非是蓋二十八舍皆有一定之星座。非行星也。故不能移動。又何能躔哉。本文已誤。致諸註更以誤傳誤矣。

雞交鼠而傾瀉。必犯徒流。一七

（原註）雞。酉也。鼠。子也。若酉金到子。雖屬相生。苟不當元。而又傾瀉。必犯徒流破財。以水冷金寒也。輕則腎耳有病。

（鮑註）傾瀉散漫奔流也。兌爲刑。坎爲陷。坎水流而不返。故有充軍之象。交字宜味之。

（章註）兌如加坎。或傾瀉奔流。一遇歲君。徒流不免。

按。巒頭不真。理氣無用。水犯傾瀉。形勢險惡。雖當元無益。原註謂苟不當元。章註謂一遇歲君。皆悖原意。

雷出地而相衝。定遭桎梏。三二

〔冥註〕雷。震也。地。坤也。土被木剋。若出元必遭」「梏之刑。

〔鮑註〕坤爲刑。爲小人。震爲木。爲正直。出字作剋字解。震木剋坤土。故有桎梏之象。衝指水言。

〔章註〕震若交坤。或相沖相射。年逢三碧。桎梏難逃。

按。此句重在衝字。鮑註以衝指水言。章註震若交坤。或相沖相射。未言是山是水。凡形勢險惡。目所能覩者。不論山水。均作衝論。原註謂出元必遭桎梏。苟二三同宮之處。山水相衝。雖當元亦遭桎梏也。飛星賦曰。復壁欐車。意同。

右第四段

火（章增若字）剋金兼化木。數驚（章作經）回祿之災。七九・三

〔原註〕此即七與九會也。七爲先天火數。九爲後天火數。若不當元。或山上龍神下水。水裏龍神上山。或七九在三四運內。或七九運水該三四而在山。山本七九反在水。或七九而并有三四配到。或龍神夾雜。或陽宅興工動作。皆主有回祿之災也。

〔鮑註〕九七同宮。又遇流行一白飛到。則火災立見。蓋丁壬化木。一九相激也。

按。紫白訣曰。七九合轍。常遭回祿之災。向首中宮坐山及宅之氣口。遇七九同宮者。年運二黑七赤或九紫交加。不必龍神夾雜。數驚回祿也。鮑註謂一白飛到火災立見。誤也。此取象於丁壬化木。以爲木能生火。但七九之火已熾。不必再用木生矣。

土（章增能字）制水復生金。自（章作定）主田莊之富。二二。六七。一八。六七。

〔原註〕土本剋水。有金來化。則金生水。而土又生金。故主田莊之富。雖不當元。亦無礙也。

〔鮑註〕一六相生。遇流年坤艮加來。似嫌剋制一白。不知生金益水。反有田莊之慶。乾爲金玉。坤爲財。爲大業。坎爲納也。

按。鮑註以一大遇二一八流年加臨是也。惟不可拘執流年。如二一運午山子向。向上有水放光者。每多此應。因地盤坎。天盤七。向上飛星二。即土制水復生金也。惟置產大小。視向上之水而斷。

木見火而生聰明奇士。九三，九四

〔原註〕木火通明。乃文明之象。雖不當元。亦生聰明之子。

〔鮑註〕山上排來是震巽。水裏排來遇離。木火通明。故出秀士。

按。鮑註以山上水裏分言易使人誤會。山上震巽同宮。各運中僅有八運之子午午子。癸丁丁癸。壬丙丙壬。然皆居中宮。所謂根蒂是也。至於山上震巽同宮。未之有也。如二運乾山巽向。向首天盤一。山上飛星四。一四同宮。本主聰明。而震方有水放光。可作城門者。出人更秀。因震方天盤九。火也。向上飛星三。木也。三雖伏吟。因有水無咎。合三為未來之氣。又為連珠吉水故也。此地必出名儒。

火見土而出愚鈍頑夫。

〔原註〕火炎土燥。雖當元亦主生頑鈍愚夫。何況出元乎。

〔鮑註〕坤爲冥晦。爲迷。雖遇離明相生。而火炎土燥。故出頑鈍。嘗見有九運立丙向。丁未坤方有高山。出蠢子。幾不辨菽麥。

按。鮑註九運丙向之說。實形氣兼觀。然其理仍未明言。因九運向上天盤四。向上飛星九。木火通明。本主聰明。坤方地盤二。天盤六。向上飛星七。山上飛星二。二土也。又爲伏吟。高地氣塞而不通。六七皆金。重土埋金。向上山上飛星遇雙九。以助伏吟之戾氣。故出愚鈍頑夫。如宅斷載上虞鯉魚山錢姓祖墓。二運扦辛乙兼酉卯。又施姓祖墓。一運扦酉山卯向。向上天盤九。雙二到向。得運時。形局相當。及出秀士。是故火見土。尙須以形局當否爲斷。章註言生剋扶泄之理。尤頗得其理也。

無室家之相依。奔走於東西道路。

〔原註〕有山而無水以昇氣。故東西奔走無定所。其應如此。

〔鮑註〕有陽無陰。無所歸宿。故主奔走勞碌。

按。玄空之理。排山有山。排水有水。方爲合局。若排山而遇水。排水而遇山。卽謂無依。章註所謂男以女爲寶。女以男爲家。卽指山水而言也。

鮮姻緣之作合。寄食於南北人家。

〔原註〕南北爲諸卦之首。倘本卦無特朝之水爲配。若南北有水。合得圖書之祕。亦主小富小貴。

〔鮑註〕有陰無陽。不能自立。故主寄食依人。

按。原註之意。以向上無水。旁氣一通。亦主小富。此卽城門一訣。以南北二字釋城門。義亦可通。

右第五段

〔章註〕此節專言生剋制化之理。妙在山水峯巒五星九星正變之象。辨別清楚。再辨玄空隨時變易之機。往來進退之理。認得分明。當補者補。當瀉者瀉。制化得宜。自能得心應手。稍有偏勝。定見咎咎。理之必然者也。如火金相剋。當扶水以剋之。或培土以泄之。乃是扶金壯水之至理。若反以木助火。火藉風而愈熾。木生火而愈旺。同祿難逃。土剋水。則水自涸。得金疊重重。洩土壯水。自有田莊之富。所謂強者宜洩。弱者宜扶。即同此意。火由木出。相得則木火通明。定生聰俊。土本火生。太過則火炎土燥。自產頑愚。男以女為室。女以男為家。無家無室。是言孤陰孤陽。無所依靠。故主奔走。寄食於東西南北。

男女多情。無媒妁則為私約。（章作合）

〔原註〕若山水無從中用不合圖書之祕。雖山水有情。只為私約。蓋中五立極之所。猶丹家黃婆為媒之義

（祖緜按。首二句似有誤字。）

〔鮑註〕多情如撳裙舞袖。抱肩挨背之砂。形既不潔。復界於陰陽兩卦之間。故有私約之應。

〔章註〕多情言山形水勢相得之情。媒妁謂立穴定向之得宜。如立穴定向。少有差錯。猶男女不用媒妁。便為私合。

按。男女指山水而言。多情言形局完美。鮑註以撳裙舞袖抱肩挨背之砂為多情。實誤。此等砂收。其醜已極。豈能稱之多情。媒妁指理氣言。山水雖多情。而理氣不合。猶私約耳。斯言形理須相兼顧也。

陰陽相見。遇冤仇而反無冤。（章作情　鮑作猜）

〔原註〕山水各得其位。當元合令。雖是相剋。而反有相濟之功。
〔鮑註〕宛仇卽上山下水。卽陰陽正配。亦屬無猜。
〔章註〕陰陽雖得相見。遇反伏沖剋。上山下水。顚倒誤用。反恩爲仇。定見災殃。

按。下宛字誤。當從鮑本作猜。章本作情。涉上男女多情之情而譌。原註誤。

非（章作惟）正配而一交。有夢蘭之兆。

〔原註〕坐下雖無龍氣。倘得外山與我所畜明堂來水。合配圖書。亦主妾生子而發貴。
〔鮑註〕九一。三四。七八爲正配。兼之固吉。一二。二三。六七。八九。雖非正配。若用得合宜。必產佳兒。夢蘭。鄭穆公事。見左傳。

按。兩註夢蘭作姬妾生子解。失其原意。此言向首雖不得元。而旁宮有水蘊蓄。可作城門者。如宅斷蔡姓祖墓五運扦庚山甲向。取艮方爲城門。卽是非正配而一交。猶妾生子之意。鮑註以離九坎一。震三巽四。兌七艮八。爲正配。以坎一坤二。坤二震三。乾六兌七。艮八離九。爲非正配。

此將玄空活潑潑之法。流於呆板之術矣。

得干神之雙至。多折桂之英。

〔原註〕卽支兼干出叠豪雄之義。

〔鮑註〕干神以四正卦言。如震之甲乙是也。雙至言山上水裏俱吉。總以不出卦爲重。既不出卦。則山非一山。水非一水。用又合宜。故多折桂。折桂者。秋闈也。四維卦亦可謂干神。

〔章註〕雙至卽干支品配得宜。山上水裏。排來都吉之謂。此卽青囊所謂四神第一者。是也。

按。原註以兼向釋之。誤。鮑註謂如震之甲乙則龍氣雜亂極矣。將甲乙二字。硬解干神。豈知甲爲地元。乙爲人元。鮑意以爲酉山卯向而有甲乙之水。卽爲干神雙至。致不知都天寶照經曰。眞向支山尋祖脈。干神下穴水。無憂。寅申巳亥騎龍走。乙辛丁癸水交流。若有此山并此水。白屋科名發不休。此言寅申巳亥之局。倘能挨排得乙辛丁癸諸字。則山與水。旺星皆到。何愁不發。干神者。指流行之氣乙辛丁癸言也。雙至者。向上有水。而水外又有水。是水雙至矣。若坐後有山。而山後又有山。是山雙至矣。鮑註謂山非一山。水非一水。用又合宜。此三句。略得原意。細觀鮑氏諸註。升堂矣而未入室也。章註理合而義晦。

右第六段

陰神滿地成羣。紅粉場中空（章本無）快樂。

〔原註〕山本陰質。仍得陰星。水亦得陰神。雖多妻妾。只有空樂而無子。

〔鮑註〕陰神。二。四。七。九也。陰宅疊見於向首砂水。陽宅重遇於門方向首。皆主好色。

〔章註〕四七九二爲陰神諸星。重疊於水口三叉。或値門方向首。男女貪淫。

按。坤二。巽四。離九。兌七。皆陰卦也。故曰陰神。若成羣者。如二四七九會於一宮。得令時主婦人專權。失令時則婦女淫亂。

火曜連珠相直青雲路上自逍遙。（自章本無）

〔原註〕山得陽星。水亦得陽星。雖貴而不富。

〔鮑註〕火曜尖秀之峯。即文筆也。連珠一六。二七，三八。四九。九一。一四等是也。遇文筆之砂。挨以官貴之星。故發貴。

〔章註〕火曜即尖秀挺拔之峯。排立於主山朝案。用又得一六連珠之妙。自能早登科第。得志於當時也。

按。原註誤。鮑註以一六二七三八四九爲運珠是也。惟九一一四兩者。非生成之數。不必妄行加入。排山時得尖秀之峯。適在生成之數宮內。合時則吉。

非類相從。家多淫亂。

〔原註〕水若反弓。雖相合向亦主淫。

〔鮑註〕非一九二六三四七八之正配。即爲非類相從。雜亂也。故有此應。亦兼砂不潔言。

按。到山到向之地。人以爲吉矣。豈知排水處遇斜飛反跳。排山處遇巉巖竄砂。即非類相從。

雌雄配（章作相）合世出賢良。

〔原註〕山迎水抱。雌雄正配，故出人亦正。

〔鮑註〕山上之陽。遇水裏之陰。水裏之陽。遇山上之陰。是爲配合。故有出賢良之應。

〔章註〕所云相從相合者。總言山上水裏之玄空及方位。干支清純錯雜之應驗耳。

右第七段

棟（章作貢棟）入南離。驟（章作竚）見廳堂再（章作更）煥。三九

〔原註〕九紫運龍從卯乙來脈。坐午向子兼丁癸。則九紫運當驟發。木生火尤速也。此爲龍來三九逆去爲穴。應主八十年之富貴。

〔鮑註〕三九而逢流年巽至。有廳堂再煥之象。巽爲棟。震爲喜笑。離爲光明也。

〔章註〕貢者。排也。挨也。排震木加於離火。出乎震者。復相見乎離。故有廳堂之再煥。

按。原註以三碧龍建九紫宅。以爲棟入南離。非也。八十年富貴。因立子山午向。挨星由中宮而乾而兌而艮至離。計八十年。越八十年則令星入囚矣。鮑註不足爲訓。棟入南離。如三運子山午向。是因雙三到向。地

盤九。暗合棟入南離。方爲正格。又三運艮山坤向。天盤九。雙三到向。亦同。

車驅（章作驅車朝）北闕。時聞丹詔頻來。一六二

〔原註〕一白運龍從巽來。立坎山離向。即四三二一龍逆去。四子均榮貴之義。

〔鮑註〕一六而逢年上坤來。有丹詔之應。坤爲車爲闕爲書。乾爲君。坎爲三識。

〔章註〕乾金排於坎水。成乎地者。又生乎天。天地生生不息。定主丹詔頻來。

按。鮑註云。一六而逢年上坤來。此句近是。天盤與山向飛星爲一六。過二者。是處有水。方爲驅車北闕之應。如七運酉山卯向。艮方天盤一。山向飛星爲二六。若是方有水。可作城門之用者。始有斯應。章註以後天之坎。即先天之神。一六居坎位。乾坤暗合。爲天地生生不息。其說迂回。

苟（章作全）無生氣入門。糧艱（章作蹇）一宿。

〔原註〕入首一節應初年。若入首值衰敗。則家無隔宿之糧。或用順排父母。主代代人才消退。
〔鮑註〕陰宅水上排來全無生旺。陽宅向首門路。又逼衰敗。故有此應。

按。原註以入首一節及上山下水分解立義欠嚴。所謂無生氣者。實指上山下水而言也。

會有旺星到穴。富積千鍾。（章作箱）

〔原註〕入首生旺。以水為救。水之翹入。正龍之生入也。
〔鮑註〕會者。二三處吉水。會於向也。如果屈曲朝來。主大富。
〔章註〕無生氣。有旺神。總言宜生不宜剋、宜旺不宜衰。此亦趨吉避衰之最要者也。

按。原註鮑註均皮傳。會者副詞。非會合之會也。鮑作連珠水解。似是而非。旺星指向首一星言。如一運一到向。二運二到向。三運三到向之類是。到向而向上有水。卽是旺星入穴。

右第九段

相剋而有相濟之功。先天之乾坤大定。

〔原註〕先天之氣。惟以生旺衰敗爲主。若山水皆得生旺。雖相剋無礙也。

相生而有相淩之害。後天之金木（章作水）交併。

〔原註〕若山水不合。各有生旺。雖相生而亦主凶。便以後天金木相剋斷之。

右第十段

〔鮑註〕平觀後天卦。有方位無對待。豎看先天卦。有對待無方位。以地面觀之。天在上。地在下。故高者乾。而低者坤。天之黃道高於午低於子。故乾南而坤北。日生於東。月出於西。故離東而坎西。此先天對待之象也。洛書坎離二卦。勢常違而情常親。故有相濟之功。究之先天本屬乾坤。洛書坎兌金水相生。先天則爲坎坤。非對待卦也。玄空妙用。無與先天。此先秦言者示人以對待之象也。

〔章註〕此言河洛先後天。陰陽變易之機。五行顛倒之氣；顛倒變易。相克相生。乃陰陽五行自然之理。且先天主體。後天主用。爲體者不可以用言。爲用者不可以體言。所謂先後八卦。體用咸明者。此也。

按。章本木作水。鮑註言洛書坎兌金水相生亦作金水。與章本同。皆非是。此言河洛之體用。先天之乾坤。卽後天之坎離。先天之坎離。卽後天

之震兌。則本文當作後天之金木交併。至先天何以變後天。詳拙著先後天釋疑一文。（載光華大學半月刊）

木傷土而金位重重。雖禍（章作禍須）有救。

〔原註〕木剋土以金制之。故云禍有救。

火剋金而水神疊疊。災不（章作亦）能侵。（章作讓）

〔原註〕火有水制。故不爲害。

土困（章作涸）水而木旺無妨。金伐木而火熒何忌。

〔原註〕以木制土。以火制金也。

右第十一段

〔鮑註〕玄空之法。不以生剋爲吉凶，而以得時失時爲吉凶。得時者。生我吉。剋我亦吉。失時者。生我凶。剋我尤凶。如艮交震巽。七遇無礙。破武遇弼。兼貪反吉。貪若兼巨、尤須震巽、文兼武破。要用弼星。此因時補救之大旨也。

〔章註〕此節申言生剋制化得宜之妙。必須形氣兼看。方得制化之精微。如形合而氣不合。或氣合而形不合。稍有偏勝。制化雖得。亦見榮枯。理勢之必然者也。

祖緜按。鮑註允。凡到山到向。雖剋亦吉。上山下水。雖生亦凶。

吉神衰（章作忌神旺）而忌神旺。（章作制神弱）乃入室而（章作以）操戈。

〔原註〕吉不當令。忌反當令。故有操戈之暴。若山下水。水上山。兩相冲剋。亦如以斷。

凶神旺（章作吉神衰）而吉神據。（章作凶神旺）直開門而揖盜。

〔原註〕復接上三句。制神失令。忌神當令。猶開門揖盜何所用耶。

右第十二段

〔鮑註〕忌神凶神。三七也。忌神言山上排龍。凶神言水裏排龍。旺謂強旺。非生旺也。制神吉神主當元生旺說。生旺方之山水弱而小。三七方之山水強而大。其應如此。

〔章註〕剋我者。謂之忌神。制神即剋制我之神也。旺者強也。衰者弱也。制剋無權。定見操戈之患。吉不敵凶。自有揖盜之災。要之一貴當權。諸凶咸服。衆凶剋主。獨力難支。此亦扶生制剋之一法也。

按。鮑註以三七爲忌神凶神誤也。如酉山卯向。辛山乙向。以三七運爲旺。三運向上三七雙至。七運則坐山三七雙至。又卯山酉向。乙山辛向。亦以三七運爲旺。三運山上三七雙至。七運向上三七雙至。皆爲旺山旺向。總之合時則震庚會局。文臣而兼武將之權。失時則兌位明堂破震。主吐血之災。此三七須以活潑潑斷之。

重重剋入。立見消（章作死）亡。

〔原註〕旣不當令。又過重重相剋。故有立見消亡之禍。

〔鮑註〕剋入指衰敗之氣。言陰宅向首案巒三叉水口。皆衰遇敗。立見傷丁。陽宅向首門路。俱屬衰敗。先破財。後傷丁。

按。剋入本吉。奧語曰。生入剋入名爲旺是也。鮑註以剋入指衰敗之氣言與奧語不合。惟重重剋入。則剋制過甚。雖生旺亦作衰敗論。此過猶不及之妙理也。

位位生來。連添財喜。章作喜氣

〔原註〕若更當元。又重重生入。美之愈美。故有連添財喜之慶。

〔鮑註〕生生旺也。陰陽二宅。向首水口門路等。皋見生氣旺神。故主添丁發財。

按。生來卽生入。如天盤生地盤。向首生中宮。城門生中宮。向首雙星亦自相生。方合位位相生之說。

不剋我而我剋。我章剋作剋我同類 多出鰥寡孤獨之人。

〔原註〕他既不來剋我。而我反去剋他。亦猶生出剋出之義。

〔鮑註〕剋、衰敗也。水上排來，雖得一二吉神。山上排龍。俱屬剋氣。出鰥寡孤獨。是指山地言。

按。剋我者。爲剋入。吉。我剋者。爲剋出。凶。鮑註以山上水裏立說。誤矣。詳下。

不生我而我生。我生章作生我家人 乃生俊秀聰明之子。

〔原註〕不生我而我自相生，雖不當元。亦生後秀聰明之子。至當令時必發矣。

〔鮑註〕生。生旺也。水上排來得一二吉星。山上排來。不止一二吉星。故主生聰明之子。合上文參觀。

可見人丁爲重。我。向首也。同類家人左右二爻也。

按。原註非。鮑註更謬。諦語曰。從外生入名爲進。定知財寶積如山。從內生出名爲退。家內錢財皆盡費。生我者。從外生入也。我生者。從內生出也。原文似有譌字。章作生我家人。恐係原文有書。而妄自增竄。鮑註亦然。然生入剋入生出剋出若向首一星得令。雖生出剋出亦無咎。若向首一星失令。雖生入剋入亦凶。

右第十三段

〔章註〕生則不剋。剋則不生。陰陽五行。自然之理也。所云位位重重。指門方水口而言。門方水口有生入剋入之利害。同類家人。指干支卦爻而言。干支卦爻。有正剋旁迎之吉凶。一生一剋。一正一旁。應驗各殊。讀者當察五行之性情。山水之形勢。去[illegible]之間。趨生避死迎旺去衰。自無死傷孤寡之患矣。

爲父所剋。男不招兒。

〔原註〕被當剋陽星所克或破碎。皆有此患。

按。父指向首言。男指向首旁宮也。向雖吉。而旁宮應有水處反無水。其氣不通。卽作男不招兒。

被母所傷。女不成（章作難得）嗣。

〔原註〕生旺處被水冲斷。或衰敗方有陽路直冲。則女不能成隊。

〔鮑註〕此四語指兩卦夾雜言。如乾雜震巽。卽爲父所剋。三四夾七。卽爲母所傷。金剋木。長子難招。土剋水。仲子必亡。木剋土。少男有厄是也。

按。母指坐山。女亦指山之旁宮言也。山上形勢雖吉。但旁宮應有山處而反無山。其氣阻塞。卽作女不成嗣。原鮑兩註均有語病。章註較勝。惜未能概乎言之爾。

後人不肖。因生方之反背無情。

〔原註〕言生旺方來龍反背而去。或生旺水去反跳者。皆是。

按。生方之生。與生入生出之生字異。生者。如一運排水處得一字爲旺。二字三字爲生。若生方水形反背。皆主後人不肖。

賢嗣承宗。緣生位之端拱（章作方）朝揖。

〔原註〕生位有情端拱朝揖。雖不當元。亦生賢嗣。
〔註餘〕旺主當時。生主將來。故後嗣全賴生方之山端拱朝揖。不可反背無情。

按。位指山之形勢。如一運排山。遇二三等字。形局端拱朝揖者。主產賢嗣。

右第十四段

〔章註〕木受金剋。長子離招，水被土傷。次子無嗣。皆指玄空而言。非指方位。朝揖反背。言山水之情形。生方旺方。言挨星之得失。生方果有真情。相向并有朝揖情形。兒孫定多賢良孝友。此因形察氣。因形求形之法。總之。必兼形氣理以推休咎。方一毫不爽耳。

我剋彼而反（章作竟）遭其辱。因（章作爲）財帛以喪身。

〔原註〕水本以剋我爲旺。而我反去剋他。故有因財帛喪身之應。

〔鮑註〕山形飛戾。勢如逼近。滴山上之星剋制水裏之星。一失運必有是應。

按。原註是也。財帛指水言。我剋彼係剋出。反字章本作竟是也。鮑以山形釋之。非當。因此句言水。下句言山也。

我生之而反被（章作受）其災。（章作殃）爲（章作因）難產以致死。

〔原註〕我不當令。而反生彼。彼不當令。反以生旺之星下水。故有此應。

〔鮑註〕此亦指山形內惡而碎言。山上之星。滴生水裏之星是也。

按。原註是也。我生之。即生出也。生出故人丁稀少。然到山到向之地。山上水裏。不論剋出生出。只要令星到山而有山。到水而有水。主財丁兩旺。若一失運。此四句方有應徵。讀者不可以詞害旨。

右第十五段

〔章註〕生之太過。反主死傷。剋之太急。反遭其辱。均由形氣乖戾之故。所謂過猶不及者此也。

腹多水而膨脹。二

〔原註〕坤爲腹。遇坎水蕩漾。不當令者應。

〔章註〕坤爲腹。爲土。土衰不能制水。自有膨脹之病。

〔鮑註〕坤爲腹。坎爲水。土敗不能制水。故主腹疾。

足以（章作見）金而蹣跚。三六，七

〔原註〕震爲足。被金剋而不當令。故有蹣跚之應。

〔鮑註〕震爲足。遇六七剋之。故主足跛。

〔章註〕震爲足爲木爲肝。肝主血。受乾兌金剋。則木壞肝傷。主足跛吐血之證。（按此段與下兌位明堂破震一節並註）

祖緜按。天盤二申加臨一上。六戌加於甲上。若失元或方位形勢險惡。亦主足疾。因申戌亦西方金氣也。

巽宮（舊作路，今從章本改正。）水路（舊作宮，今從章本改正。）繞乾。爲（章作主有）懸樑之犯。（章作厄）

〔原註〕或水或路。巽乾相冲氣。乾爲首。巽爲索。如不當元。故有懸樑之厄。

按。舊作巽路水宮誤。巽路與下兌位不叶。水宮與明堂不叶。且水宮兩字易誤作坎宮解。今據章本校正。原註巽爲索。此說不典。說卦傳巽爲繩直。若水路繞乾。雖當元而形勢相礙者。亦主懸樑之厄。然不礙無咎。

兌位明堂破震。主（章作定生）吐血之災。

〔原註〕明堂。聚水處也。兌以震爲明堂。兌在下元。陰陽相反。兩敵爲雠。兌爲口爲血爲肺。震爲肝。兌被震水冲破。肺肝兩傷。故有吐血之虞。

〔鮑註〕山得三。水得七。恰逢向首是也。

按。上文四六合十本吉而凶者爲礙。故此三七亦合十。本吉所謂凶者。由於破也。原註近當。惟兌在下元。陰陽相反。此說有疵。

風行地而硬直難當。室有欺姑之婦。四二

〔原註〕坤爲老母。如姑。巽爲長女。如婦。形來硬直。如値失令。以巽木尅坤土。故家有欺姑之婦也。如當元則減等。

〔章註〕巽爲長女。坤爲老母。風行地。則坤母受制於巽女。更兼形勢硬直無情。故有欺姑之婦。

按。此句重在硬直兩字。因形察氣也。全段皆類此。風地爲陰神。原非吉占。

火燒天而張牙相鬥。家主罵父之兒。九六

〔原註〕乾爲天。爲父。離火來尅。其形更如張牙相鬥之狀。必生罵父之逆子。失元者應。

〔章註〕乾爲天。爲父。爲金。受尅於離火。更有張牙不遜之勢。必生不孝之兒。此種大關風化。余在立穴定向之際。斟酌得宜。苟能挽逆爲順。實有功於名敎也。

按。家主之主字。他本作生字是也。此節重在張牙相鬥。故生不孝之子。

章註以立穴定向之際。斟酌得宜。猶言避去形勢險惡也。六九同宮。若不張牙相鬥。得本元之旺氣。則爲丁丙朝乾。貴客而有耆耄之壽是也。

右第十六段

〔章註〕此節總言相剋之利害。腹脹吐血。欺姑罵父。皆形氣相剋之應驗也。讀者當細心參考。宜兼形氣。方得九星八卦之精微耳。

兩局相關。必生雙（字作孿）子。

〔原註〕卽靜一局。動一局。皆得當時生旺。或辛戌二峯。連在六七運中。乙辰二峯。連在三四運中。亦生雙子，此卽亥兼十出之義。

〔鮑註〕孿下。雙產也。兩局相關。兩卦會局也。如立向在陰陽交界，或兩卦騎縫處。必一吉一凶。兩局皆吉。故提孿子。兩局皆凶。亦應禍不單行。一吉一凶。有見吉不見凶。有吉凶並見者。須細細詳之方象。

按。鮑註誤盡蒼生。陰陽交界。尚有替卦之可用。騎縫處陰不是陰。陽不是陽。戾氣所鍾。豈有吉之可言邪。飛星賦曰。豈無騎線遊魂。鬼神入室。更有空縫合卦。夢寐牵情。此其明證。兩局相關者。卽雙山雙向也。天玉經曰。雙山雙向水零神。富貴永無貧。　家大人地理辨正抉要曰。雙山雙向者。如現在二運。用丑山未向。爲到山到向之局。而向上有水。又爲零神。其地無休咎矣。倘坐山之後。又有大山。向水之前。又有明水。局勢寬大。故以雙山雙向形容之。言到山者不止一山。到向者不止一水也。則其地之富貴可卜。然此言必生雙子。則當以山局爲斷也。

孤龍單結定主（作章有）獨夫。

〔原註〕如乙辛丁癸之類。惟一字上來脈孱弱。故主單傳。
〔鮑註〕孤龍。一吉之龍也。不能兼他卦輔救。故有獨夫之應。

按。理氣合。而形勢孤單。雖到山而丁氣亦不旺。此謂巒頭不眞。而理氣收效亦微也。章釆可采。

右第十七段

〔章註〕兩局指承氣收水而言。孤單指地氣形勢而言。此節專言龍水闊狹厚薄之應。

坎宮高塞而耳聾。

〔原註〕下元坎方高塞。應主耳聾。

按。原註以元旦盤坎方立說。誤。此坎字以流行之氣言。細參章註自明。

不獨高塞耳聾。如坎方有風吹封。亦患此症。

離位摧殘而目瞎。

〔原註〕上元離位摧殘。或壁崩。皆主損同墮胎。

按。原註以上元離位言。與上句之誤同。離位摧殘固凶。或是方有紅屋。亦主目疾。玄機賦曰。離位巉巖而損目是也。

兌缺陷而脣亡齒寒。

〔原註〕下元兌方缺陷。或水冲敗。皆主缺脣音啞口喉諸病。

按。原註刪去下元二字。其意始明。玄機賦亦曰。兌不利歟。脣亡齒寒。

艮傷殘（章作破碎）而筋枯臂折。

〔原註〕艮爲[illegible]。爲背。爲手。爲足。爲鼻。下元艮位傷殘。故有臂折筋枯之應。

按。原註亦應刪去下元艮位四字。玄機賦曰。艮非宜也。筋傷股折。同此。

山地被風。（章作風吹）還生瘋（章作風）疾。八，二四

〔原註〕山艮地坤皆屬土。若失元。而被巽木來剋。故有風疾之應。

雷風金伐。（章作因金死）定被刀傷。（章作兵）三四，六七

〔原註〕震雷巽風。皆屬木。若失元而被金剋。定主刀斧之傷。或遭兵慘。

右第十八段

〔章註〕坎耳離目。艮手震足。皆兼形氣以占休咎。所言卦理。是玄空變易之卦理。非南離北坎之定位。讀者切勿誤會。如坎方高塞。定主耳聾。離位傷殘。必多目疾。兌取象於口。缺陷則唇亡齒寒。艮取象於身。破碎則筋枯臂折。艮坤爲土，巽風吹刲。風疾難逃。震巽爲水。乾兌金傷。刀兵必至，種種均由縱橫顛倒。相冲相射。形氣之所應也，

家有少亡。只爲冲殘子息卦。

〔原註〕我生者爲子息。若子息位被冲傷損。破每主少亡。

按子息卦章註詳。原註以我生爲子息。殊誤。下節同。

庭無耋耄。（章作耆老）多因裁（章作攻）破父母爻。

〔原註〕生我者爲父母。若父母卦位破碎。則家無耋老。或中元乾位損者。亦如是。

右第十九段

〔鮑註〕如乾卦。乾爲父母。戌亥爲子息。乾坤爲父母。震巽爲長。坎離爲仲。艮兌爲季。俱爲子息。父母破損。家無耆老。子息破損。室有少亡。衝殘攻破。皆言受尅。

〔章註〕乾坤爲父母。六卦爲子息。此八卦之父母也。諸卦自爲母。三爻爲子息。此一卦之父母也。玄空之父母子息。則又以變易干支者爲父母。以何位何宮倒地翻天者爲子息。冲殘攻破。言生氣之受尅耳。

漏道在坎宮。遺精洩血。

〔原註〕遺精洩血。腎經下體之病也。上元坎方有漏道。則男主遺精。女主洩血也。
〔章註〕水分兩處曰漏道。非分濱分枝之謂也。坎爲水爲腎。主精血。是方有水傾奔走。便是腎氣不固。自有遺精洩血之病。其餘顛病風狂。皆害因形察氣之法。

按原註以上元坎方立說。捨流行之氣而不顧。與理氣不合。

破軍居巽位。顛疾風狂。

〔鮑爲〕破軍非兌卦也。言欹斜破碎。形似金星。巽上逢之。故出顛狂也。

開口筆插離方。必落孫山之外。

〔原註〕離主文明。峯宜尖秀。故曰文筆。官星。倘破碎而開口。雖有文而不中。故有落孫山之應。

離鄉砂見艮位。（章作見，作飛）定遭（章作亡）驛路之亡。（章作中）

〔原註〕艮爲山。爲岩壁。倘此方有反背離鄉砂。更過失元。主流亡於外。或山腳驛路之旁。
〔鮑註〕砂形向外反揹曰離鄉。艮爲徑路。此砂見於艮位。故主客死。

右第二十段

按。此段坎巽離艮在五運以南離北坎。東南巽。西北艮之定位斷。其他各運。則以流行之氣推之。然漏道。破軍。開口筆。及離鄉砂。若斯山形水勢。有一於此。即非吉地。棄之可矣。但此據五運而言也。坎爲漏道。又逢漏道。陰過甚矣。巽爲風。破軍體形。是金剋木。風顛生矣。開口係兌形。以火剋之。則不能成名矣。離鄉砂係砂飛竄者也。說卦傳曰。艮止也。又艮爲山。爲徑。飛竄則山不止。故有驛路之應。此兩句宜从章本。

金水多情。貪花戀酒。一七

〔原註〕坎爲中男。兌爲少女。主男女多情。坎爲水。爲酒。兌爲金。爲娼。水性淫蕩。値失元之時。故有貪花戀酒之應。

按。一七生旺時金水相生吉。衰敗時遇之。方有此應。飛星賦所謂破近文貪秀麗。乃温柔之本是也。

木（舊作水。今從章本校正。）金相反。背義忘恩。三七

〔原註〕上文七運而用一白。此則一運而用七赤。爲運之相反失令。金主義。故曰背義忘恩。無取用。

〔鮑註〕金。兌也。水。坎也。木。震也。兌爲少女爲娼。坎爲淫爲酒。多情如砂有抱肩挾背等形。木爲仁。金爲義。相反。形向外也。此皆形體不整。故有山應。

按。舊本木作水。似涉上而誤。今從章本校正。原註據誤本而解。非是。鮑註以水木金三者合註。亦界限不清。細參章註。其理自悟。

震庚會局。文臣而兼武將之權。三七

〔原註〕震甲爲文士。庚爲武將。若上元震山庚水庚峯。向水兼收。即三陽水向盡源流之義。下元兌山震水甲峯。亦主文武全備。失元不應。謂爲金木交併。

〔鮑註〕山三水七。或山七水三。得時皆有此應。

按。一卦三山分天地人。玄空之理。不能相混。此言震係震之甲卯乙三

山也。震庚卽甲庚。而含有卯酉與乙辛也。震爲玄黃。爲旹。尃有文章之象。原註以震甲爲文士。誤。兌爲毀折。爲附決。武人之象。原註庚爲武將。亦誤。章註以震爲天祿。庚爲武爵。以叢辰釋卦理。家法不合。史記日者列傳叢辰家與堪輿家本殊途。術士不察。混而爲一。僨矣。

丁丙朝乾。貴客而有耆耄之壽。九六

〔原註〕下元九八七六逆排父母。主八十年之久。故主貴壽。上元不應。

〔鮑註〕離爲南極主壽。乾爲貴客。山上六。本遇九。得時者應。

按。丁丙離宮二山。不言午者。此據人地而天在其中矣。乾爲戌乾亥三山。惟其中有至理。乾午加臨。則火剋金。雖貴恐無耆耄之壽。丙戌加臨。爲火生土。亥丁加臨。爲水火既濟。方主貴客而有耆耄之壽。原註以下元九八七六。逆排父母。章註以丁爲南極。丙爲太微。均皮傅之談。

天市合丙坤。富堪敵國。九八二

〔原註〕天市。艮也。合丙坤卽二一九八進氣。或坤山坤向坤水流之類。故曰富堪敵國也。

〔鮑註〕八九排在水上。又二來合十。故有此應。

按。艮宮丑艮寅三山。離宮丙午丁三山。坤宮未坤申三山。地元龍丑未臨丙。天元龍艮坤臨午。火土相生。主富敵國。若人元龍寅申臨丁。寅申一沖。丁又尅申。寅雖到山到水。木火通明。主出貴顯。非富格也。

離壬會子癸。喜產多男。一九

〔原註〕離水至壬而止。子癸進氣。卽支兼干出最豪雄也。在上元主多男丁盛。

〔鮑註〕離爲喜。九一爲正配。故主多男也。

按。離宮丙午丁。坎宮壬子癸。中男中女。水火既濟。故多男。原註以支兼干出大誤。鮑註以離爲喜。亦臆斷。說卦傳曰。離其於人也爲大腹。此多男之兆。玄空祕旨以此段爲最難解。故同宮加臨。仍與本宮有關。紫白訣曰。又當與本宮原坐星殺合論。是也。章註亦未明晰。

右第二十一段

〔章註〕金水多情，木金相反，是言玄空之金木，非西金東木之方位，震為天祿，庚為武爵，玄空會合，文武全才。丁為南極。丙為太微。果真情朝拱。主貴而多壽。艮為天市。本主財祿。又得火土相扶。故富可敵國。離壬子癸會成既濟。主多男之慶。然必體得其體。用得其用。方有是徵。若拘拘於呆法者。百無一得也。

四生有合人文旺。

〔原註〕上元一二三四之山，有九八七六之水。配成合十之數，下元六七八九之山，有四三二一之水，配合一六二七三八四九生成之數。主旺人文。

〔鮑註〕寅申巳亥四生方之山。挨著吉星。主旺人文。

按。原註誤。四生者人元龍之寅申巳亥也。木長生在亥。火長生在寅。金長生在巳。水長生在申。人元龍之向。寅與亥合。八六同宮是。巳與申合。四二同宮是。章註此段立說欠嚴四旺無沖田宅饒。

〔原註〕四旺卽上元九八七六。下元四三二一之水。無有沖破。故主田宅富饒。如失運卽有山上龍神下水之患。

〔鮑註〕子午卯酉四旺方之水。扶著生旺。主饒田宅。雖爲臨穴之大旨。實挨星進一層法也。

按。四旺。鮑註以子午卯酉釋之是也。水旺於子。木旺於卯。火旺於午。金旺於酉。子午沖。酉卯沖。若立四旺之向。三九同宮。木火通明。一七同宮。金水淸秀。卽無沖之謂也。上句言人文旺。此句言田宅饒。作者不過取對仗而已。然四生得令。可旺人文。可饒田宅。四旺亦同。鮑註分兩層立說。斯以辭害旨矣。

丑未換局而出僧尼。震巽失宮而生賊丐。二語舊本無。今據章本增入。 三四二八

〔鮑註〕坤爲寡。艮爲閽寺。故出僧尼。震爲守。爲草莽。動而不正。有賊象。巽爲近市利。卑而不正。有丐象。二語當兼形勢言。

按。丑八未二。如二運之丑山未向。坤上天盤八。向上飛星爲二八。又八運未山丑向。山上天盤二。山上飛星爲二八。到山到向。主財丁。惟其家喜與僧尼爲侶。爲二運坐空朝滿之地。而用此向。主出僧尼無疑。換局者。猶言不當局也。震三巽四。如四運之酉山卯向。山上天盤二。向上飛星爲九四。上山下水。本爲不吉。兼以四加震上。即爲震巽失宮。主生賊丐。因說卦傳震爲決躁。巽爲進退。爲不果。失令皆賊丐之象。

南離北坎。位極中央。章作天　一九

〔原註〕南北爲中天立極之所。八卦之父母。其最力厚。能管諸方。故配合之道。以天地爲定位也。

〔鮑註〕坎離二卦。得乾坤之中氣。合時者至貴。

按。五運立子山午向。癸山丁向。向上天地盤九。山上天地盤一。向上飛星爲五六。五即九之寄宮。山上飛星爲四五。五即一之寄宮。中宮飛星亦爲九一。此南離北坎。各得其位。天玉經曰午山午向午來堂。卽此之謂也。

長庚啓明。交戰四國。三七

〔原註〕長庚。西也。啓明。東也。東在天地之左。爲陽爲生。主貴。卽日之東升。升則處處皆得陽明生旺之氣。西在天地之右。爲陰爲死。主賤。卽日之降也。降則處處皆昏暗陰慘矣。四面八方。此陽彼陰。此陰彼陽。山水匹配交媾之義準此。

〔鮑註〕兌爲長庚。震爲啓明。合時用之。主出武略之人。

按。五運之卯山酉向天地盤向上爲七。七長庚也。山上爲三。三啓明也。向上之飛星爲五。一五寄於兌金水相生。山上之飛星爲九五。五寄於震。木火通明。故主出武略之人。

健而動。順而動。三字章本無 動非佳兆。

〔原註〕健者。龍也。順者水也。若龍水皆得時令之陽。陽爲生旺。宜於龍脈之主動。水本靜也。受時令之陰氣。今亦反陽。是獨陽不生矣。故曰非佳兆也。

按。原註以健爲龍。順爲水。誤。章註玄妙。術者不能領會。說卦傳曰。乾健也。坤順也。乾天坤地。自乾當作向。坤當作山。向動山靜。今水動而山亦動。陰陽相失。此指雙星會合於向首言也。奧語曰。順逆行二十四山有火坑。火坑者。卽動非佳兆之謂也。

止而靜。順而靜。（三字章本無。）靜亦（章作悶）不宜。

〔原註〕脈之止處。亦得時令之陰氣。蓋入首最要生旺。而與水皆陰。是孤陰不生也。故曰不宜。

〔鮑註〕乾健坤順。艮止巽入。不宜衝靜宜安靜。此以動靜斷吉凶也。

按。鮑註以艮作止。巽作入解。非是。此止字當是健字之誤。健宜動。今則反靜。此山靜而水亦靜。陰陽相失。此言雙星會合於坐山。故靜亦不宜。

富並陶朱。斷是堅金遇土。（章作堆金積玉）

〔原註〕下元六七之山。而遇神水。爲水之生入。主富。或六七之山。而遇艮水亦然。此卽六七八之山一片是也。

按。堅金。乾也。如六運立甲山庚向。兌宮天盤八。向上飛星爲六二。若向上又有水放光。吉不可言。卽堅金遇土之謂也。

貴比王謝、總緣喬木扶桑。（章作疎）三四

〔原註〕卽上元震山而配兌水。或艮水。主宮貴　卽三四。輔扶是也。

按。原註以上元震山而配兌水。指三運之卯山酉向言也。因震爲木。又原註或艮水三字。艮方排水係二。在三運二爲休氣。不吉。乾方排水爲四。爲未來之氣吉。似或艮水爲或乾水三字之譌。

辛比庚。而辛要（章作更）精神。

〔原註〕辛庚雖屬同卦。然有順有逆。所用不同。故有遇庚同吉。而遇辛更精神百倍也。

按。原註含混。章註亦然。鮑註似是而非。兌宮庚酉辛。辛比酉。酉比庚。中隔酉。故辛不能比庚。此言辛比庚者。如三運立乙山辛向。向上庚酉辛有水。庚字之水。不可較辛字處爲大。酉字亦然。不言酉者。包括於庚辛之中故也。辛要精神者。言辛方之水。較庚方更要有精神。此示向首用水之法。詳見　先子地理辨正抉要奧語第八裁屈曲流神認來去解。及天玉經水上排龍照位分兄弟。更子孫。解青囊序水交三八要相過解。

甲附乙。而甲亦（章作益）靈秀。

〔原註〕此言震卦一宮。總要從父母而來。即三陽一宮之義也。

〔鮑註〕辛庚皆兌。甲乙俱震。四向各有所宜。辛略勝。庚。甲不遜乙。合下壬癸丙丁方。言羅經立向。隨時不同。舉四正以例四維。學者融會貫通之可也。

按。章本亦作益。義勝。甲乙雖同宮。中隔卯。亦不能附。此言四六運立庚山甲向甲上之水。如放光蘊含則吉。倘乙上之水反大。即犯陰陽差錯之病。甲爲靈秀者。言甲方之水。須較乙水爲靈秀也。餘同上。

癸爲玄龍。壬號紫氣。昌盛各得有因。章作有攸同

（原註）癸旺本宮。壬順對位。各有順逆不同。元有六甲之辨。故曰各得有因也。

（鮑註）癸壬各有宜用之時。非癸向爲吉。壬爲凶。亦非壬向爲吉。癸爲凶也。故曰昌盛各有攸司也。

按。原註癸旺本宮。壬順對位。大悖玄空之理。鮑註是也。元龍紫氣雖爲吉曜。然用非其時。亦作凶論。盛衰之因。由於挨排順逆。逆則昌盛。順則衰敗。故曰。昌盛各得有因。

丙臨文曲。丁近傷官。人財因之耗乏。

（原註）丙雜巳。巳爲文曲。丁雜未。未以火生土。爲傷官。龍水有犯此者。人財散耗乏之應。龍雜主丁。水雜主財也。

（鮑註）五運丙向。四運丁向。皆人財耗散之局。傷官。五黃也。近。鄰近也。

按。此言坤壬乙一訣。丙兼巳。是爲文曲。丁兼未。火生土。我生者爲子孫。子孫卽傷官食神是也。此種子平術名。不宜施於卦理也。然兼之得宜。如六運之壬山丙向。到山到向。何致人財耗乏。原鮑兩註。不知替卦之妙用。章註雖知之。亦祕而不宣爾。

右第二十二段

〔章註〕有合無沖。卽彼此生生。無沖射反伏也。東木西金。南離北坎。言四生四旺。各得其宜也。健動止靜。謂干支卦爻清純者爲靜止。錯雜者爲動健。論山水則以形動者爲動。形靜者爲靜。所謂行乎不得不行。止乎不得不止。氣勢兩兼。方是眞動眞止。王謝陶朱。皆言砂水峯巒體用兼得之妙。甲乙庚辛。不拘來山去水。方位干支。須歸一路。如丙雜巳。丁入未。不知挨星妙用。而又出卦。自有偏枯耗散之病矣。

見祿存瘟癀必發。遇文曲蕩子無歸。

〔原註〕此二句。總結上文。若龍水雜。此應於二碧四綠運中。

值廉貞而頓見火災。

〔原註〕值五黃運。在中央爲土。在外卽廉貞火也。

逢破軍而多虧身體。

〔原註〕火剋金也。以上皆因夾雜之故。至其元而應。

〔飽註〕祿存。三也。文曲。四也。廉貞。五也。破軍。七也。非時而向上逢之。其應如此。尙可忽乎哉。

按。此四句曰見。曰遇。曰值。曰建。四字當重讀之。非祿存爲瘟癀。文曲爲蕩子。廉貞爲火災。破軍爲疾病也。如三運見祿存。四運遇文曲。五運值廉貞。七運逢破軍。皆本運之吉星。又如二運排水有水而見祿存。三運排水有水而遇文曲。四運排水有水而值廉貞。六運排水有水而逢破軍。皆爲未來之旺星。此言見遇值逢者。在休咎時。年月紫白與原造之地盤及專臨之天盤。若祿存再見祿存。文曲又遇文曲。廉貞又值廉貞。

破軍又逢破軍。方有此應。

四墓非吉。陽土陰土之所裁。章作貴龍栽

〔原註〕四墓辰戌丑未。乃戊己寄旺之所。陽戊寄未辰。陰己寄丑戌。四墓有生旺時。僅以爲龍。有衰敗時。僅爲消水。俗師止知用於水口。而不知亦有叩金龍之動時也。惟犯乙辛丁癸之位。則每多消索。用者須知所忌耳。

按。辰戌丑未。四墓也。木墓於未。亥卯未合木局故。火墓於戌。寅午戌合火局故。金墓於丑。巳酉丑合金局故。水墓於辰。申子辰合水局故。蓋首一字寅申巳亥四生也。中一字子午卯酉四旺也。下一字辰戌丑未四墓也。四墓皆陰。原註以戊己寄官釋之非是。凡天盤辰戌丑未墓加臨於墓上者。爲陰。甲庚壬丙加臨於墓上者爲陽。陽順陰逆。陰吉陽凶。原註謂犯乙辛丁癸之位。此以兼向釋四墓。殊謬。鮑註亦同此病。

四生非凶。卦內卦外由我取。

（原註）四生本吉非凶。若在卦內則吉。卦外則凶。無有一定。總以得時為吉。悖時則凶。惟在人之合合。取用配合圖書而已。

（鮑註）辰戌丑未四墓支向。俗謂不吉。然有時大吉。寅申巳亥四生支向。俗謂無凶。然有時大凶。皆須以運為準。且四墓四生。最易出卦。有辦乙辛丁癸甲庚壬丙而凶者。亦有兼之而反吉者。須辨明卦內卦外。然後取用之可也。

按。四生。寅申巳亥也。五運之寅申申寅巳亥亥巳山向皆凶。其他各運。乙辛丁癸加臨於天盤者。則吉。因寅申巳亥皆陽。乙辛丁癸皆陰故也。卦內指地盤。卦外指天盤。由我取者取流行之氣也。

若知禍福緣由。章作因。妙在天心橐籥。

（原註）此尾句。以結通篇大旨。

（鮑註）橐。冶器。喻砂水也。籥。管籥。喻九星也。道德經云。天地之間。其猶橐籥乎。註云。橐者外積以受籥也。籥者內管以鼓橐也。由是觀之。必橐籥兩備。方能造福。故曰妙在天心橐籥。天心即天心正運之一卦也。識得天心。方能特籥以尋橐。因橐以核。以此卜陰陽兩宅。可無遺恨矣。學者勉之。

右第二十三段

〔章註〕此節專辨諸星之應驗。必須測氣象。辨九星。察形勢。看遠近。再推五行生剋制化之理。吉凶消長之機。而言得言失。言禍言福。自能百不失一。陰土陽土者。借庫自庫之謂。卦內卦外者。得失之謂。

讀者須從天心顚倒之間。裁取得失。自無不當矣。

〔章註〕青囊萬卷。總不出體用二字。體有山水之分。用有得失之辨。體有移步之不同。用有四時之更變。用必依形而顯休咎。體必因氣而見吉凶。要之。體無用不靈。用無體不驗。必須形氣兩兼。默參九星生剋之理。以推休咎。方得體用之精微。此祕旨言體言用。纖析條分。闡發精詳。無微不入。非深得青囊之奧。河洛之理者。焉能道其其隻字耶。　道光癸未無心道人註

玄機賦通釋

（原註）陰陽二宅同斷

宋　吳景鸞著　　杭縣沈祖緜釋

（原註）未詳作者姓氏。

大哉居乎。成敗所係。危哉葬也。興廢攸關。氣口司一宅之樞。

（原註）氣口即城門。

按。城門在宅旁二宮。不能以氣口混爲城門。如立子山午向。大門在午。午即氣口。如不開正門。門在坤方或巽方。坤巽亦氣口也。至於城門雖在坤巽兩方。有合城門有不合城門之別。故不得以氣口混作城門也。

龍穴樂三吉之輔。

按。龍指向。穴指山。三吉者。一白坎。六白乾。八白艮也。蓋一白爲上元統卦氣。六白爲中元之統卦氣。八白爲下元統卦氣。皆吉。如山向挨着三吉處。而山上有山。向上有水。則爲大吉。

陰陽雖云四路。

〔原註〕四山四水。合上下兩元也。

按。原註未晰。二十四山。分爲八卦。然陰陽只分四路。如地盤陽四路爲巽巳丙。乾亥壬。艮寅甲。坤申庚。陰四路爲午丁未。子癸丑。卯乙辰。酉辛戌是也。排山排水。遇陽順行。遇陰逆行。此就地盤言。（俗作兄且盤）而各運流行之氣。陰陽亦分四路。學者如例挨排之可矣。

宗支只有兩家。

（原註）一陰一陽。

按。宗者。地盤也。支者。天盤也。兩家者不以元旦盤之陰陽爲陰陽。而以流行之氣之陰陽也。

數列五行。體用恩仇始見。

按。生旺爲恩。衰謝爲仇。此玄空用之恩仇也。如一運以一爲生。二爲旺。九爲衰。八爲謝。土生金。金生水。水生木。木生火。火生土。此五行之生。恩也。土剋水。水剋火。火剋金。金剋木。木剋土。此五行之仇。剋也。斯玄空體之恩仇也。惟玄空重用輕體。學者其識之。

星分九曜。吉凶悔吝斯章。

按。九曜者。一白貪狼。二黑巨門。三碧祿存。四祿文曲。五黃廉貞。六白武曲。七赤破軍。八白左輔。九紫右弼是也。在玄空術中。兼向則起星。以別正向之下卦。貪狼等名。源於漢書翼奉傳。其曰。好行貪狼。申子主之。惡行廉貞。寅午主之。是齊詩之六情。非眞有此曜也。世人以貪狼武曲左輔爲吉曜。祿存廉貞破軍爲殺曜。其實非也。玄空之理。以得令者爲吉。失令者爲凶。在三運之祿存。五運之廉貞。七運之破軍。作吉曜論。故九宮之吉凶悔吝。要以時令爲轉移爾。

宅神不可損傷。

〔原註〕靜以待動。

用神最宜健旺。

〔原註〕即龍穴之入首。

按。原註誤。宅神指地盤山一片水一片。言用神指天盤山一片水一片言。龍分兩片。山向飛星。以到山到向爲健旺。上山下水爲損傷。

値難不傷。蓋因難歸閑地。

（原註）卽水之低平無動作處。

按。難卽山上飛星遇反吟。伏吟。是詳見玄空祕旨卦爻雜亂節。

逢恩不發。祇緣恩落仇宮。

（原註）卽不當令處。或向水被宮神所剋。

按。恩指當元之令星。如二運立乾山巽向。到山到向之局。若到山而坐後無山。到向而向上無水。仍作上山下水論。斯卽恩落仇宮之謂也。又如二運乾山巽向左兼右兼。山上天盤三。三替巨門。不以三入中。而以二入中。是本運丁星入囚。雖貴無子嗣。此亦恩落仇宮也。

一貴當權。諸凶懾服。

〔原註〕龍神得生旺。雖剋亦吉。

按。青囊序曰。朱雀發源生旺氣。指向首一星而言。向首得令。卽爲一貴當權。原註是也。

衆凶剋主。獨力難支。

〔原註〕立穴雖吉。若龍水皆不當令。又遇諸星來剋。故獨力難支。

火炎土燥。南離何益乎艮坤。水冷金寒。坎癸不滋乎乾兌。九二八，一六七

〔原註〕炎燥寒冷。太過也。皆不當元之故。

按。南離艮坤。卽玄空祕旨所謂天市合丙坤。富堪敵國。若失元則爲火

炎土燥。坎癸乾兌。本金水相生。即玄空祕旨所謂土制水復生金。自主田莊之富。若水無土制。而又失元。則爲水冷金寒。

然四卦之互交。固取生旺。

〔原註〕山水品配。又得元也。

按。四卦者地盤一卦。天盤一卦。向上一卦。山上一卦也。以到山到向爲生旺。上山下水爲衰謝。然須合形局空實而定也。

八宮之締合。自有假眞。

〔原註〕眞假於來情辨之。

按。排山要有山。排水要有水。即謂之眞。若排水而有山。排山而有水。即謂之假。

地天爲泰。老陰之土生老陽。二六

〔原註〕土生金也。

按。玄空秘旨曰。富並陶朱。斷是堅金遇土。蓋天地交泰。金土相生。故有此應。

若坤配兌女。庶妾難投寡母之歡心。二七

〔原註〕叠純陰也。

按。坤爲老母。兌爲少女。故原註以純陰目之。得令者。由寡婦致富。失令者。蕩婦破家。或覡尼耗財。此言庶妾難投寡母之歡心。亦失令之一端。

澤山爲咸。少男之情屬少女。七八

〔原註〕下元大發。

按兌爲澤。爲少女。艮爲山。爲少男。周易咸彖傳曰。二氣感應以相與。此乃吉兆也。玄空祕旨曰。胃入斗牛。積千箱之玉帛。蓋土金相生。故有此應。然得令若斯。失令則否。

若艮配純陽。鰥夫豈有發生之幾兆。八六

（原註）品配必審乎時。

按。純陽。乾也。艮。少男也。雖金土相生。然孤陽不生。故以鰥夫喻之。但六八同宮。又遇坤土兌金。則陰陽調劑矣。

乾兌託假鄰之誼。六七、

（原註）山水皆可相兼。

按。乾兌皆金。故曰假鄰之誼。紫白賦曰。交劍殺興多刦掠。交劍殺即六七同宮之意。用得其時。卽爲假鄰。失其時則爲交劍殺。原註以兼向立論。如辰戌兼乙辛。此向於五運則爲八純卦。大凶。於八運用替。則爲到山到向。吉。乙辛兼辰戌。各運中並無旺向。原註立說欠嚴。

坤艮通偶爾之情。二八

〔原註〕二八爲配。取比肩也。

按。坤艮爲死生之門。二五八運之丑未未丑。皆到山到向。如二運丑未。向上天盤八。山向飛星爲二八。雖係比肩。亦吉。五八運亦艮坤相逢而成比肩。皆有吉而無凶。所謂通偶爾之情也。二五八運之坤艮艮坤寅申申寅。全局合成三般卦。得貞元之氣。山向飛星雖有反吟伏吟。而坐空朝滿之局用之。亦无咎。若坐實朝空。卽玄空秘旨所謂丑未換局而出僧尼是也。

雙木成林。雷風相薄。三四，

〔原註〕此後天也。亦如先天。

按。先天雷風對待。故曰相薄。後天由三而至四。亦相薄也。震巽皆屬木。故曰雙木成林。玄空祕旨曰。貴比王謝。總緣喬木扶桑。指八運子山午向。中宮爲三四。巽方有水放光。可作城門之用。亦遇四三。巽上飛星之四。雖爲伏吟。爲天盤之七所制。木道乃行。雖成林何害。若失令時。如飛星賦所謂同來震巽。昧事無常是也。

中爻得配水火方交。一九

〔原註〕坎離中爻互易。即天地交泰之理。

按。先天之乾坤。卽後天之坎離。抽坎補離。卽爲乾坤。此所謂交也。與天地交泰之交略異。得令時。卽玄空祕旨所謂南離北坎。位極中央是也。

木爲火神之本。

〔原註〕木生火也。

水爲木氣之元。

〔原註〕水生木也。

巽陰就離。風散則火易熄。四九

〔原註〕宜辨元運。

按。得令時。卽玄空祕旨所謂木見火而生聰明奇士。失運卽風散則火易熄。

震陽生火雷奮而火尤明。三九

〔原註〕卯橫入南離之義。

按。木火通明。然有巽陰震陽之別。故四九與三九同宮者。得令時。四九主聰明而溫柔。三九主聰明而剛毅。失令時。四九則主流蕩。三九則主暴戾。

震與坎為乍交離共巽而暫合。三一、四九

〔原註〕皆得相生之義。惟非正配。偶然而已。

按。震坎皆陽。離巽皆陰。陰陽不調。故曰乍交暫合。

坎无生氣。得巽木而附寵聯歡。一四。

〔原註〕卯上兌東躔北闕之義。

按。原註誤。車軀北闕係一六。非一四也。本篇下曰。名揚科第。貪狼星在巽宮。又曰。木入坎宮。鳳池身貴。紫白訣曰。一四同宮。準發科名之顯。此得令時也。若失令。卽飛星賦所謂四蕩一淫是也。

乾乏元神。用兌金而傍城借主。六七

〔原註〕乾不當元。而兌當令。亦得生旺。

按。元神。水也。乾以坎爲城門。而兌亦可作城門。所謂借庫是。若立巽山乾向。乾處無水。是乾乏之元神。而兌方有水放光。卽爲傍城借主。若合城門一訣。其地可用。

風行地上。決定傷脾。二四

〔原註〕土受傷也。風爲木。脾爲土。

按。玄空祕旨曰。風行地而硬直難當。室有欺姑之婦。斯以形察氣。重在硬直難當四字。然巽坤皆為陰神。凡卦遇陰神。易生病症。此為木剋土。故傷脾。

火照天門。必當吐血。九六

〔原註〕金主肺被火剋。故吐血也。

按。玄空祕旨曰。火燒天而張牙相門。家主罵父之兒。斯亦以形察氣。此六九同宮。是處實而不空。或形勢險惡。定犯血症。又山向六字排到之處。是處有紅廟紅屋。亦作火燒天門論。

木見戌朝。莊生難免鼓盆之歎。四六

〔原註〕巽為長女。乾金剋之。故主剋妻。

按。申酉戌西方一氣。火墓於戌。不能生木。而反剋之。故有鼓盆之歎。

坎流坤位。買臣常遭賤婦之羞。一二

〔原註〕坎爲中男。坤土剋之。即我不剋而反剋我。主遭婦辱。故以朱買臣爲證。

艮非宜也。筋傷股折。

〔原註〕艮主股肱筋絡。如受木剋。即有傷折之應。

按。非宜指失令言。或飛星所到之處。形勢險惡。玄空祕旨曰。艮傷殘而筋枯臂折。是此同。

兌不利歟。唇亡齒寒。

〔原註〕兌主唇齒。若受金剋。故主唇亡齒寒。

按。原註兌若受金剋。此句大誤。兌本屬金。與金相見。爲比和。又何剋之可言。不利指飛星七所到之處。形勢破碎。受凹風之害。則主唇齒之病。

玄空祕旨亦曰。兌缺陷而唇亡齒寒。

坎宮缺陷而墮胎。離位巉巖而損目。

〔原註〕二方以形勢言。妙爲當元。雖失元也。

按。原註誤。坎離非呆板之北坎南離。乃飛星之坎離也。說卦傳。坎爲血卦。遇缺陷。故主墮胎。又離爲目。遇巉巖。故主損目。玄空祕旨曰。離位摧殘而目瞎。意同此。

輔臨丁丙。位列朝班。八九

〔原註〕應在下元。

按。原註誤。八九同宮。吉者有四運之午山子向。丁山癸向。壬山丙向。四運則非下元。可證。是呆讀輔八丁丙九而已。癸向爲輔臨丁。丙向爲輔臨丙。不言子者。因子癸同類也。紫白訣曰。八逢紫曜。婚喜重來。意可同參。

巨入艮坤。田連阡陌。二八

（原註）艮坤爲土・故阡田園・

名揚科第。貪狼星在巽宮。四一

（原註）卽四一同宮之義・

按。上曰。坎无生氣。得巽木而附龍聯歡。下曰。木入坎宮。鳳池身貴。均嘗一四四一同宮之貴。紫白訣曰。四祿爲文昌之神。職司祿位。一白爲官星之應。主宰文章。還宮復位固佳。交互疊逢亦美。其吉可知也。

職掌兵權。武曲峯當庚兌。六七

（原註）應在下元。

按。六七同宮。得令則爲武職刑官。失令則爲交劍殺。

乾首坤復。八卦推詳。

（原註）即乾爲首。坤爲腹。離爲目。坎爲耳。兌爲口。震爲足。巽爲股。艮爲手之類。

癸足丁心。十干類取。

（原註）甲頭。乙項。丙肩。丁心。戊脅。己脾。庚臍。辛股。壬脛。癸足。此十干之應也。子疝。丑脾肝。寅背肱。卯目手。辰背胸。巳面齒。午心腹。未脾脅。申咳嗽。酉背肺。戌頭項。亥肝腎。此十二支之應也。參合八卦。其應如響。

按。八卦及干支取類。除五運外。要以流行之氣爲斷。

木入坎宮。鳳池身貴。四一

〔原註〕應在上元。此亦四一同宮之義。

金居艮位。烏府求名。七八

〔原註〕應在下元。

金取土培。火宜木相。

飛星賦通釋

杭縣沈祖緜釋

按。賦一作斷。姚士鑾識曰。是篇未詳作者姓名。篇中言吉者從略。言凶者特詳。足補玄空祕旨之未備。欲人知所避也。惟知九宮飛盪。隨時變易。若呆板論流。不啻毫釐千里矣。

周流八卦。顛倒九疇。察來彰往。索隱探幽。承旺承生。得之足喜。逢衰逢謝。失則堪憂。人爲天地之心。凶吉原堪自主。易有災祥之變。避趨本可預謀。小人昧理妄行。禍由己作。君子待時始動。福自我求。

〔原註〕此節發明吉凶得失。惟人自召之故。

右第一段

試看復壁揕身。☷☳

〔原註〕坤爲積土。有牆壁之象。又爲身。震配坤土。故主土擊。篇中借用六十四卦名。以明山與向之飛星也。下仿此。

按。地雷復☷☳。五陰一陽。以五行論木土相剋。玄空祕旨曰。雷出地而相衝定遭桎梏。其意相同。皆言失令之應。

壯途躓足。三六

〔原註〕壯。大壯也。震爲足。乾爲行人。乾剋巽。故主跌仆也。

按。雷天大壯☳☰。易彖傳以剛以動釋乾剛震動。孤陽不長。震爲足。乾爲金。足被金傷。中爻互兌。兌爲毀折。故有躓足之患。

同人車馬馳驅。六九

〔原註〕乾爲馬。爲塗。爲行人。離日剋之。故有此象。

按。天火同人☰☲。天火先後天同位本吉。玄空祕旨曰。丁丙朝乾。貴客而有耆耄之壽。是也。若以形察氣。六九同宮之位。形惡不善者。玄空祕旨曰。火照天而張牙相鬥。家生罵父之兒。飛星賦亦曰。火照天門。必當吐血。皆是此。云車馬馳驅者。蕭形勢雖平穩。然當令元之時。故有此應。

小畜差徭勞碌。四六

〔原註〕巽爲命令。乾爲大人。乾剋巽。故有差徭勞碌之象。

按。風天小畜䷈。五陽畜一陰。故曰小畜。金木相剋。雖係後天對待。但以巽爲進退。爲近利市三倍。故有差徭勞碌之象。

乙辛兮家室分離。三七

〔原註〕乙即震。爲主。爲夫。爲反。爲出。辛即兌。爲妻妾。爲少女。爲毀折。震兌對待沖剋。故有此離。

按。乙辛者。雷澤歸妹䷵。後天對待之卦。兌以少女而從震之長男。故歸妹卦辭曰。征凶。无有利。失令乃有家室分離之兆。蓋震木爲兌金所剋故。

辰酉兮閨幃不睦。四七

〔原註〕辰卽巽。巽者長女。酉卽兌。兌爲少女。兌巽相剋。故主閨幃不睦。

按。辰酉者。風澤中孚☴☱。皆陰神。故主閨幃不睦。蓋金剋木故。若以五行立說。辰酉化金。此非九宮之道。九宮重在乘時得令。非僅拘於化合也。

寅申觸巳。曾聞虎咥家人。二八、四

〔原註〕參宿爲白虎。在申宮。寅宮亦有尾虎。申寅衝。衝則動。再遇流年巳火刑來。寅刑巳。巳刑申。三刑會。自有咥人之象。又象取坤虎艮山巽風。然事不常見。下故取象於犬傷。

按。寅申者。地山謙☷☶。得令者。爲巨入艮坤。田連阡陌。玄機賦 然謙屬兌金屬寅木。巳在申宮。金火相剋。年紫白巳加寅方申方之上。失令時。主家人不睦。虎咥者。形容暴戾之氣。原註以刑德立說。與玄空家法相背矣。

壬甲排庚。最異龍摧屋角。一三、七

〔原註〕震爲龍。坎爲雲。爲雨。爲澤。震坎相生。雲從龍象。兌來衝剋。龍飛騰象。主有龍陣摧屋。然事亦非常。見下故取象於蛇。

按。壬坎甲震。爲水雷屯☵☳。皆陽卦。水木相生。雖遜於一四同宮之妙用。如年紫白七赤加臨震上。乃有家破之兆。原註不知譬喻。直解字面。誤矣。並云見下。取象於蛇。以龍爲眞物。何其傎歟。

或被犬傷。

〔原註〕艮爲狗。逢三刑。以猘犬斷。若坤爲主。則斷牛傷。

按。原註以丑寅及艮爲犬。而戌亦爲犬。運退者又逢形勢險惡。方有此應。

或逢蛇毒。

〔原註〕解見上。又巽爲蛇。必吊太歲到向。方斷傷人。否則見蛇而已。

按。原註以巽爲蛇。巽宮有巳。巳蛇也。巳在東南。炎天也。炎天故產蛇。素見不鮮。見蛇無關飛星。至於蛇噬。方涉氣運。

青樓染疾。只因七弼同黃。七九五

〔原註〕兌爲少女。爲賤妾。離爲心。爲目。心悅少女。淫象也。五黃性毒。故主患楊梅瘡毒。

按。七弼爲澤火革☱☲陰神也。二女同室。衰運逢之。故有青樓之象。兌爲毀折。離爲火。五爲瘟癀。故有是症。

寒戶遭瘟。緣自三廉夾綠。三五、四

〔原註〕震爲虫。中五性毒。巽風夾之。故瘟。又有風瘡。

按。三綠爲雷風恆☳☴。玄機賦曰。雙木成林。雷風相薄。鑑五黃心毒。雙木剋之。得令時。毒無礙。原註震爲蟲。取象亦未詳所出。玄空祕旨曰。見祿存。瘟𤺥必發。此指失令而言。

右第二段

赤紫兮致災有數。七九

〔原註〕七赤爲先天火數。九紫乃後天火星。二星相併。水如衝動。災必驟發。洩之反不見戢。火性炎烈故也。

按。兌爲金。離爲火。金火相害。卽赤紫同臨。爲澤火革。陰神也。金爲火所剋。若全無生氣。乃犯火災。紫白訣曰。七九合轍。常遭回祿之災。又流年三四加臨宮內。致災尤速。玄空祕旨亦曰。火剋金兼化木。數驚回祿之災。

黑黃兮釀疾堪傷。二五

〔原註〕二黑在一二運爲天醫。餘運爲病符。若與五黃同到。疾病損人。

按。紫白訣曰。二五交加。罹死亡。並生疾病是也。惟此五非天盤之五。亦非山向飛星之五。乃年月紫白五黃加臨之五也。衰運逢之。其應如響。

交至乾坤。吝心不足。六二

〔原註〕乾爲金。坤爲吝。嗇故吝而無厭。

按。說卦傳。坤以藏之。又爲吝嗇。老陰之土生老陽。玄機賦 孔子曰。及其老也。戒之在得。其卦爲天地否☰☷。否者閉塞也。喜收斂。故有此應。玄空祕旨曰。富並陶朱。斷是堅金遇土。乃指泰卦而言。若否卦。則爲吝心不足。

同來震巽。昧事無常。三四

〔原註〕震爲出。巽爲入。出入不當。故因循誤事。

按。雷風恒☳☴。恒。常久也。當非無常。此云無常者。指失運時言也。若得令時。爲貴比王謝。總緣喬木扶桑。玄空秘旨

戌未僧尼。自我有緣何益。六二

〔原註〕戌爲僧。未爲尼。失時相生何益。

乾坤神鬼。與他相剋非祥。六二

〔原註〕乾爲神。坤爲鬼。剋則有鬼神指責。

按。凡六二同宮。又遇五黃加臨。失運時。多鬼神爲祟。

當知四蕩一淫。淫蕩者扶之歸正。四一

（原註）四爲風。故蕩。水趨下須扶。蓋得時吉失時凶。此四爲主，非一爲主也。

按。紫白訣曰。四一同宮。準發科名之顯。玄機賦曰。木入坎宮。鳳池身貴。又曰。名揚科第。貪狼星在巽宮。得令時四一與一四同宮者。皆主清貴文秀。因水木相生。而以一四爲尤貴。失令時。水泛木流。主淫蕩。如宅斷張村丁宅七運立子午兼癸丁向。可證。扶之歸正者。既値水泛木流。宜修理之。使得旺星。以化其凶也。

須識七剛三毅。剛毅者制則生殃。七三

（原註）凡三七皆不可尅制。尅制則其禍尤烈。

按。震爲雷。爲決躁。其究爲健毅也。兌爲毀折。爲附決。其於地也爲剛鹵。剛也。金木已相制。故不宜重重制之。若以再以火制之。則犯七九合轍之患。

碧綠風魔。他處廉貞莫見。三四、五

（原註）雷風相薄。本主瘋病。疊五黃則立應。

紫黃毒藥。鄰宮兌口休嘗。九五、七

（原註）火味苦。五性毒。故爲毒藥。若兌金貪五土之生。則毒藥入口矣。嗜烟者如之。

酉辛年。戊己弔來。喉間有疾。

（原註）兌爲喉舌。逢五黃必生喉症。

子癸歲。廉貞飛到。陰處生瘍。

（原註）一爲腎。故云陰處。五主膿血。故有生瘍之象。

按。上四節均云年紫白飛星。衰運值此。故有此應。惟酉辛年子癸歲。五黃弔於何宮。則未明言。乃酉辛年在兌。子癸歲在二四七九之位。然此在失運時方應。

右第三段

豫擬食停。三二

〔原註〕豫・雷地也・坤爲脾胃・木剋之・脾胃受傷・故食停・

按。雷地豫☳☷。豫。和樂也。震剋坤土。坤爲腹。失令時。腹受剋。故有食停之患。丑爲脾胃。原註誤以坤爲之。非也。

臨云泄痢。二七

〔原註〕臨・地澤也・澤金泄坤腹之氣・澤性注下・故主痢・

頭響兮六三。六三

〔原註〕乾爲首。震爲聲。雷性上騰。故頭鳴。大抵肝陽上升等症。

乳癰兮四五。四五

〔原註〕四爲乳。五膿血。

火暗而神志難清。

〔原註〕火爲神。若離宮幽暗。主神昏。此兼氣色論。下仿此。

按。火暗者。離火而遇坎水剋之之謂也。

風鬱而氣機不利。

〔原註〕在天爲風。在人爲氣。巽宮窒塞。故有此應。

按。原註以天風人氣爲解。臆斷無據。水生木。而不當令。處一四同宮之位。而形勢窒塞。乃有此應。

切莫傷夫坤肉震筋。豈堪損乎離心艮鼻。

〔原註〕此言方位不可有惡形。

震之聲。巽之色。向背當明。

〔原註〕向背指形勢言。

按。此句重在向背兩字。向指得運言。背指失運言。得令時。主喜音樂圖畫。失令時。主出優伶娼妓。

乾爲塞。坤爲熱。往來切記。

〔原註〕往來指形勢及門路言。遇乾坤雙歪。必患三陰瘧。

按。此句重在往來兩字。衰謝爲往。生旺爲來。如向上有蘆葫水形。來者主醫藥與家。往者病符纏身。原註似是而非。

須識乾爻門向。長子癡迷。

〔原註〕乾爻。戌也。乾爲知爲健。失時則癡迷矣。

按。乾爻戌乾亥三向。原註乾爻戌也。舉一而遺二。如二運巽山乾向。或巳山亥向。三運辰山戌向。生子並不癡迷。如二運立巽乾巳亥兼向。丁令入囚。則雖欲生癡迷之子。亦不可得。

誰知坤卦庭中。小兒顚顇。

〔原註〕二爲病符。若飛到東北方。主少男病。凡乾坤二卦。以老父老母斷。十有一二驗。以所到方之卦斷。十有八九驗。因六子當事故也。

按。二運之丑未宅。合局者。小兒活潑康健。此無他。得令故也。若一失令。方有顚顇之應。原註以飛到東北方主少男病。二運丑未卽二到山。未爲東北方。反主丁星旺盛。若原註所云。實失玄空之旨也。

因星度象。木反側兮無仁。

〔原註〕反側指形說。震爲仁。

按。此以氣察形。凡飛星三所到之處。形勢反側。故無仁慈之心。因東方木爲仁也。

以象推星。水攲斜兮失志。

〔原註〕坎爲志。攲斜亦指形言。

按。此以形察氣。水貞也智也。如攲斜則形不善。雖得令。亦作失志論。故無貞無志故也。

砂形破碎。陰神值而淫亂無羞。

〔原註〕陰神陰卦也。二四七九是。

按。形勢破碎。不吉可知。不必値陰神而始凶也。

水勢斜衝。陽卦憑則是非牽累。

〔原註〕陽卦一三六八也。

按。水勢斜。則不待憑陽卦而始凶也。

巽如反臂。總憐流落無歸。

〔原註〕四隅到處。砂形如臂向外反抱者。主流落他鄉。因風性飄蕩故也。

乾若懸頭。更痛遭刑莫避。

〔原註〕懸頭。斷頭砂也。遭刑。殺戮也。

按。巒頭不眞。理氣無用。反臂懸頭等砂。以巒頭而論。已可棄而不用。此言反臂在巽。說卦傳以巽爲進退。爲不果。故主流落無歸。又懸頭在乾。

以乾爲首。故主遭刑莫避。凡砂之所在。飛星所到何字。即以其字之凶徵斷之。舉巽乾者。言其例耳。

七有葫蘆之巽。醫卜興家。

〔原註〕七爲刑。有除惡之象。故爲醫。洪範七稽疑。故爲卜。葫蘆砂形如葫蘆也。

七逢刀盞之形。屠沽居肆。

〔原註〕刀盞。砂形也。七乃西方金。故爲屠。又爲口舌。故爲沽也。

按。水裏排龍七字飛星飛到之處。七運大利。水圓如鏡。主發武職刑官。水如葫蘆。則主醫卜興家。水如刀盞。則主屠沽居肆。此謂以形察氣。

旁通推測。木工因斧鑿三宮。觸類引伸。鐵匠緣鉗鎚七地。

〔原註〕此舉砂之形象。以斷千變萬化。總在形與星也。

按。震爲木。其數三。凡三飛到之宮。故曰三宮。砂形如斧鑿者。主出木工。兌爲金。其數七。凡七飛到之地。故曰七地。砂形如鉗鎚者。主出鐵匠。此皆可觸類旁通。如六飛到之宮。砂形如斧鑿。則主出玉工金工。因乾爲金爲玉也。二飛到之宮。砂形如鉗鎚者。則主出釜工輿工路工。因坤爲地。爲釜。爲大輿。總以排水處爲斷也。

至若蛾眉魚袋。衰卦非宜。猶之旗鼓刀鎗。賤龍則忌。

〔原註〕蛾眉女貴，魚袋男貴。失運反賤。旗鼓刀鎗，用不合法。反主盜賊也。

按。曰衰曰賤。指失運言也。凡形吉者。在失運時。亦作凶論。

赤爲形曜。那堪射脅水方。碧本賊星。怕見探頭山位。

〔原註〕射脅水。探頭山最凶，若七三臨之。禍更甚。

按。射脅探頭。砂之最凶者。不論逢何字。皆不吉。此泥於三七非也。

右第四段

若夫申尖興訟。

〔原註〕尖者。尖峯也。在一九爲文筆。在四爲畫筆。在申爲詞訟筆。

按。申酉戌。西方一氣。西方屬金。金主刑。若人元龍山上飛星二字所到之處。得令者。主出刑官。失令者。主詞訟破家。

辰碎遭兵。

〔原註〕辰乃天罡。破碎非宜。

按。地元龍山向四字飛到之處。破碎者應。

破近文貪。秀麗乃温柔之本。一四、七

〔原註〕一四雜七。其弊如此。

按。原註誤。例如四運之艮山坤向。中宮天盤四。山向飛星。向上七。山上一。主人秀麗。因金水相生。水木相生。故溫柔二字。不作不吉解。否則艮坤皆土。主人愚頑。凡今四運葬艮坤坤艮山向者。人丁皆美秀而文。因流行之氣。中宮得一四。山上飛星又得一四故也。

赤連碧紫。聰明亦刻薄之萌。三九、七

〔原註〕三九雜七。始聰明而漸刻薄。兩卦夾雜之弊如此。

按。玄機賦曰。震陽生火。雷奮而火尤明。故主聰明。今三木為兌金所剋。木為仁。仁傷故主刻薄。

五黃飛到三叉。尚嫌多事。

〔原註〕用法俱合。流年五黃到三叉。尙有小疵。

太歲推來向首。尤屬堪驚。

〔原註〕承氣雖吉。太歲到向。猶恐損人。

豈無騎線遊魂。鬼神入室。

〔原註〕騎線如巳丙丁未等騎線之向也。遊魂如乾離坎坤艮巽震兌是也。若遊魂失運。鬼神晝見。如九運用巳丙向。堂中黑暗。承巳氣多。丙氣少。堂中午後或見鬼神。人不敢居。或疑堂下有伏尸。不知非也。乃卦氣使然也。

按。遊魂者。非乾宮晉卦。坤宮需卦。震宮大過。巽宮頤卦。坎宮明夷。離宮訟卦。艮宮中孚。兌宮小過之遊魂卦也。此言遊魂。乃無所依歸之謂。騎線在兩卦之間。較空縫更凶。原註云巳丙。因巳在巽。丙在離。云丁未。丁在離。未在坤。此皆騎線也。騎線者。無向之可謂。註云騎線之向。此語有疵。原註竟以八卦之遊魂卦解之。尤誤。因一運中諸山向。八國皆遊魂卦。有凶有吉。不能以八卦之遊魂爲凶也。

更有空縫合卦。夢寐牽情。

〔註原〕空縫乃一卦之空縫 如丙午辰巽是也。合卦如乾坤坎離是也。見此則人嘗用心於無用之地 夢縈懷。若用騎綫向。較空縫尤甚。

按。原註解合卦亦誤。合卦者。雖在一卦之中。而遇空縫之謂也。世俗以分金空格處爲空縫。尤誤。其義詳見沈氏玄空學分金篇。原註云丙午辰解是。凡空縫。亦主鬼神入室。豈止夢寐牽情而已哉。

寄食依人。原卦情之戀養。拋家背父。見星性之貪生。

〔原註〕承上騎綫空縫而言。如九運亥壬門向。申庚宅向。外卦承乾。亥九喜生壬五。爲戀發。養者養之也。內承兌氣。庚七喜受坤二之生。即爲貪生。生者。生我也 如是者主寄食依人 拋家而去也。壬亥門向。又爲空縫合卦。

按。原註殊謬。騎線空縫。豈有卦情星性之可言乎。卦指單向。星指兼向。

此兩句即玄空祕旨所謂卦爻雜亂。異姓同居。吉凶相併、螟蛉爲嗣。細參拙著玄空祕旨通釋。其理自明。惟原註以九運亥壬門向爲例。外卦承氣。指門向言。內卦承氣。指宅向言。此說源於天心正運。

總之助吉助凶。年星推測。

〔原註〕流年九星入中宮。弔動運盤。足以助吉。亦足以助凶也。

還看應先應後。歲運經營。

〔原註〕吉凶先後不一。年星與運氣一一推排。自知先後之應。故曰歲運經營。

紫白訣通釋上篇

杭縣沈祖緜瓞民釋

紫白飛宮。辨生旺退殺之用。三元氣運。判盛衰興廢之時。

按樂緯云。象天心。定禮樂。壺子曰。伏羲法八極作八卦。黃帝作九竅以定九宮。老子云。知其白。守其黑。內經亦同。太白經云。行黃道歸乾戶。煞氣一臨。生氣自布。曲禮云。左青龍而右白虎。（左爲震。右爲兌。）前朱雀而後玄武（前爲離。後爲坎。）月令以五行布四方。言之備矣。大戴禮盛德篇云。明堂者。凡九室。二九四。七五三。六一八。又云。明堂天法也。又云。天道不順。生於明堂不飾。班固漢書自序云。河圖命庖。洛書受禹。李奇註云。河圖。八卦也。洛書。九疇也。（九疇見書洪範篇。）至於九宮之數。明堂篇言之已詳。而乾鑿度云。易一陰一陽。合而爲十五之謂道。又云。故太一取其數以行九宮。四正四維。

皆合於十五。鄭玄註云。（原書鄭註。似有錯簡。今據後漢書張衡傳註引鄭說。）太一下行八卦之宮每四乃還於中央。中央者。北神之所居。故謂之九宮。天數大分。以陽出。以陰入。陽起於子。陰起於午。是以太一下九宮。從坎宮始。自此而從於坤宮。又自此而從震宮。又自此而從巽宮。所行半矣。還息於中央之宮。既又自此而從乾宮。又自此而從兌宮。又自此而從艮宮。又自此而從離宮。行則周矣。上遊息於太一天一之宮。而反於紫宮。行從坎宮始。終於離宮。據此則飛宮之法。漢時已行之。所謂紫白者。終於離宮。復從坎宮始。離紫坎白也。陽起於子者。子在坎宮。坎爲陽。其數一。故曰起於子。陰起於午者。午在離宮。離爲陰。其數九。故曰起於午。說卦傳云。參天兩地而倚數。觀變於陰陽而立卦。發揮於剛柔而生爻。今紫白之數。卽參天兩地而倚數也。坎一震三離九兌七。卽參天之數也。坎一而參之得三。卽震三之數。震三而參之得九。卽離九之數。離九而參之。得二十七。去二十不用。卽兌七之數。以兌七而參之。得八十一。去八十不用。卽坎一之數。周而復始。不離乎參天也。坤二巽四。艮八乾六。卽兩地之數也。坤二而兩之。得四。卽巽四之數。巽四而兩之。得八。卽艮八之數。艮八而兩之。得十六。去十不用。卽乾六之數。又以乾十六兩之。得三十二。去三十不用。卽坤二之數。周而復始。不離乎兩地也。此所謂倚數者是也。然道有變動。周流六虛。上下無常。剛柔相易。是故變之所適。有日月寒暑之相推。神之所化。具元會氣數之轉易。此運運不同。所謂觀變於陰陽而立卦。與易之序卦相通者也。故愛惡相攻。遠近相取。情僞相感。吉凶相見。

極賾鼓動。化裁推行。在乎變通。參伍以變。錯綜其數。道乃大明。於是山水之局分焉。此物物太一。所謂發揮於剛柔而生爻者也。紫白飛宮。三元氣運。乃倚此而立也。因日月寒暑相推。元會氣數轉易。於是生旺退殺盛衰興廢判也。

如一運以一爲生。以二爲旺。以九爲退。以八爲殺。此一二九八。皆由飛宮推排而出。三元者。上元一二三運。中元四五六運。下元七八九運也。如上元以一二三運爲盛興。以七八九運爲衰廢。皆指山向飛星而言。天盤不與焉。姚註無一字足取。如坎宅一白入中云云。與下氣運爲之君之意全悖。

生旺宜興。運未來而仍替。退殺當廢。運方交而尚榮。總以氣運爲之君。而吉凶隨之變化。

按此節重在氣運爲君四字。首二句疑有譌字。否則有語病。運已來曰生。運未來曰旺。既曰生。不當曰運未來。屬旺則可爾。運入退殺而尚榮者。因猶有餘氣也。如儲蓄然。猶有子金可取。

以圖運論體。書運論用。此法之常也。以圖運參書。書運參圖。此法之變也。

按此言圖書運者。乃指變易言。非眞言河洛也。周易說卦傳云。天地定位。山澤通氣。雷風相薄。水火不相射。八卦相錯。此乃河圖也。繫辭傳云。蓍之德圓而神。卦之德方以知。可證乾一兌二離三震四巽五坎六艮七坤八雖相錯之數。與天數五地數五之數不涉。惟河圖洛書。本無二致。以方圓二者判析之。河圖以乾坤坎離爲圓。兌艮巽震爲方。八卦變九疇者。因八卦摩盪。圓可作方。方可作圓而已。以圓而論。乾坤退則離坎居乾坤之位。此圓可容圓也。坎離退。而震兌居離坎之位。是圓可容方也。兌震退而巽艮居兌震之位。是方可容方也。巽艮退。而坤乾居巽艮之位。是方可容圓也。原始要終。乾坤仍可進而居離坎之位矣。（詳見拙著先後天釋疑）是故體雖爲河圖而用則洛書。其實河圖洛書一而二。二而一。不當析而爲二也。此以法常法變立論。則昧於易理矣。

河圖之運。以甲丙戊庚壬子配水火木金土五行。五子分元。五行定運。秩然不紊。

按論衡詰術篇云。圖宅術曰。宅有八術。以六甲之名。數而第之。第定名立宮商殊別。宅有五音。姓有五聲。宅不宜其姓。姓與宅相賊。則疾病死亡。犯罪遇禍。其說迂。王充詰之是也。夫河圖流行之氣。與干支五行。雖可相通。而不能相混。伏羲作八卦。後世以爲河圖。是黃帝作九穀。後世以爲九疇。是黃帝命大撓作甲子。以濟九疇之數所不足。實玄空之學。在五運爲九疇之用。其他各運。重在流行之氣。則非圖非書。而亦圖亦書。原文以甲丙戊庚壬五子。配合五行。以爲河圖之用。實屬勉强。至於姚註以一六水。二七火。三八木。四九金。五十土。爲河圖之數。誤。蓋生成之數。與九疇相似也。又云。甲子水。而納音金也。丙子火。納音水也。戊子木。納音火也。庚子金。納音土也。壬子土。納音木也。分各元六十年爲五運。按之古書。未有斯說。殆術士之蛇足爾。

凡屋層與間。値水數者喜金水運。値木數者嫌金火運。火金土數依此類推。

按姚註以屋之一層六層一間六間者爲水數。二層七層二間七間爲火數。三層八層三間八間爲木數。四層九層四間九間爲金數。五層十層五間十間爲土數。此說誤也。然以值庚子十二年金運爲生等語誤。若以此說驗諸陽宅。實未有應者也。蓋古人誤讀洪範。以四九爲金數。二七爲火數所致。凡宅值水數者。逢一運則比和。吉。七運則生入。吉。二八運則剋入。吉。然仍以向首一星爲主。不能離向首而獨驗層間也。

生運發丁而漸榮。旺運發祿而驟富。退必冷退絕嗣。殺則橫禍官災。死主損丁。凶吉常半。應如桴鼓。圖運有然。

按姚註以五子五行生旺立說。驗諸事實。殊有未合。不若以山水各飛一盤。排水有水。排山有山。在一運。以一爲生。以二爲旺。以九爲退。以八爲殺。方應如桴鼓也。

九星遇此。喜忌亦同。木星金運。宅逢刼盜之凶。火曜木元。人沐恩榮之喜。書可參圖。蓋如是也。

按玄空之理。重在變易。非吉者永爲吉。凶者永爲凶。木星金運。得令時逢之。必無刼盜之凶。火曜木元。失令時逢之。難沐恩榮之喜。此言九星。姚註仍以五子五行立說。益誤矣。

洛書之運。上元一白。中元四綠。下元七赤。各管六十年。謂之大運。上元一二三。中元四五六。下元七八九。各管二十年。謂之小運。元運既分。更宜論局。如八山。上元甲子甲戌二十年。得一白龍穴。一白方砂水。一白方居住。

名元龍主運。發福非常。至甲申甲午二十年。得二黑龍穴。二黑方砂水。二黑方居住。名旺星當運。發福亦同。一元如是。三元可知。

按一運山上水裏。以挨着一字爲旺星。倘排水而見山。排山而見水。一字雖到。仍作凶論。姚註拘於一運以坎宅爲旺。不知坎宮以五運爲獨旺。午子丁癸兩向。雙星坐後。宜坐空朝滿之局。丙山壬向。則犯反伏吟。所謂一白龍穴砂水者。非指坎宅而言。乃隨時而在流行之氣之坎宅也。

二者不可得兼。或當一白司令。而震巽受元運之生。四綠乘時。而震巽合元運之旺。此方居住。亦慶吉祥。

按此節經姚氏竄改。與玄空之理不合。姚氏拘泥一四同宮爲吉徵。以一白司令。巽爲生氣。豈知値一白司令時。距巽尙遠。一本係或當一白司令。而坤震受元運之生。似較姚本爲勝。又四綠乘時。震已退氣。山上用之尙可。若水裏排龍。則謂之殺。豈得謂之旺氣。此二句當亦有誤字也。

先天之坎在兌。後天之坎在坤。上元之坤兌。未可言衰。先天之巽在坤。後天之巽在兌。中元之兌坤。亦可云旺。此卦之先後天運可合論者也。

按。姚註誤。先後天雖可合用。如上元一運立卯山酉向。或乙山辛向向上飛星逢一。先後天同位。前面有水吉。然究犯天地盤剋出。過運卽衰。至其他各運。先後天飛星同位者。二運之乾山巽向。亥山巳向。三運之酉山卯向。辛山乙向。四運之艮山坤向。申山寅向。五運之丑山未向。六運之甲山庚向。七運之辰山戌向。八運之丙山壬向。向上飛星與地盤。
均爲本運旺星。又與先天之數合。有謂吉上加吉。然以上各山向。除一
八兩運外。到山到向。皆爲吉徵。不藉先後天同位而吉也。
一白司上元。而六白同旺。四祿主中元。而九紫均興。七赤居下元。而二黑
並發。此即一六共宗。二七同道。三八爲朋。四九爲友之義。圖可參書。不信
然乎。
按生成係中五加減之作用。如一六共宗。即一加五爲六。六減五爲一
也。若以己十加減一六之數。即十減一爲九。十減六爲四。即對宮也。二
七同道。即二加五爲七。七減五爲二也。若以己十加減二七之數。即十
減二爲八。十減七爲三。亦即對宮也。三八爲朋。即三加五爲八。八減五

爲三也。若以己十加減三八之數。卽十減三爲七。十減八爲二。亦卽對宮也。四九爲友。卽四加五爲九。九減五爲四也。若以己十加減四九之數。卽十減四爲六。十減九爲一。亦卽對宮也。生成之作用。在天盤坎離二宮。與中宮之交媾。如一運天盤六在坎。二運天盤七在坎。三運天盤八在坎。四運天盤九在坎。六運天盤一在離。七運天盤二在離。八運天盤三在離。九運天盤四在離。是也。用於水法。如四運立子山午向。城門在坤巽兩方。然巽處天盤三。與向上天盤八合三八爲朋。天玉經謂之正庫。又謂之正馬。坤上天盤一。與向上天盤八。不能合生成之數。天玉經謂之借庫。又謂之借馬。其效不如正庫正馬之大也。

或局未得運。而局之生旺財方。有六事得地者。發福亦同。水爲上山次之。

高樓殿塔亭臺之屬。又其次也。再論其山與山之六事。如門路井竈之類。次論其層與層之六事。或行大運。或行小運。俱可富榮。否則佈置六事。合山與層及其間數。生旺則關殺俱避。若河洛二運未交。僅可小康而已。

按高樓殿塔亭臺。皆作山論。門路井。皆作水論。竈則以竈門定之。與向星一盤。挨得一白三碧四綠八白處。竈門向之。其家必吉。亦作水論。生旺財方以元運斷之。宅不吉。則開旺門以通氣。此節原文有錯亂處。

夫八門之加臨非一。九星之弔替多方。納音支干之管殺。有統臨專臨之名。而入中太歲之爲旺爲生。最宜詳審。管山星宿之穿宮。有逆龍順飛之例。而入中禽星之或生或剋。尤貴同參。

按青囊奧語云。知此法。不須尋納甲。玄空不重納甲。納音更無論矣。惟納音用於分金。如宅斷錢茶山祖墓。見沈氏玄空學卷三第十二頁可參考。至於禽星卽史記日者列傳建除家言也。與九宮殊塗而同歸。在玄空法中視爲駢指而已。

何謂統臨。卽三元六甲也。六甲雖同。三元之泊宮則異。中宮之支干納音亦異。

按漢時雖有五音之說。其法亦與此不同。王充論衡詰術篇云。圖宅術曰。商家門不宜南向。徵家門不宜北向。則商金南方火也。徵火。北方水也。水勝火。火賊金。五行之氣不相得。故五姓之宅。門有宜嚮。嚮得其宜。富貴吉昌。嚮失其宜。貧賤衰耗。其說迂。充詰之是也。三元者上元甲子六十年。中元甲子六十年。下元甲子六十年。共一百八十年。上元甲子泊宮在坎。中元甲子泊宮在巽。下元甲子泊宮在兌。周而復始。如上元甲子年泊一白。乙丑年泊九紫。丙寅年泊八白。丁卯年泊七赤。戊辰年泊六白。己巳年泊五黃。庚午年泊四綠。辛未年泊三碧。壬申年泊二黑。癸酉年又泊一白。流行週轉。遞泊二十週。而甲子仍泊一白。六甲者。甲子甲戌甲申甲午甲辰甲寅是也。歷六十年復至甲子。與紫白九年一週者異。故六甲雖同。三元之泊宮異也。如上元之甲子泊一白。中元之甲子泊四綠。下元之甲子泊七赤。玄空重在九宮。故以泊宮為重。六甲之干支雖同。而干支所泊之宮又異。故曰中宮之干支亦異也。納音者。甲子乙丑屬金。丙寅丁卯屬火。戊辰己巳屬木。庚午辛未屬土。壬申癸酉又屬金之類。干支之五行。與納音之五行又異矣。

如上元一白坎。於本宮起甲子。逆數至中宮。得己巳。木音也。中元四綠巽。於本宮起甲子。逆數至中宮。得壬申。金音也。下元七赤兌。於本宮起甲子。逆數至中宮。得丙寅。火音也。每十年一易。此其異也。

按上元坎宮泊甲子。離宮泊乙丑。艮宮泊丙寅。兌宮泊丁卯。乾宮泊戊辰。中宮泊巳己。中元下元類推。

如上元甲子十年。己巳在中宮。甲戌十年則己卯。中元甲子十年。壬申在中宮。甲戌年則壬午。

按推法同上。無甚深意。

每甲此中宮納音。復以所泊宮星。與八山論生比。此所謂統臨之名也。

按生者卽金生水。水生木。木生火。火生土。土生金是也。比者卽金見金。

木見木。火見火。土見土。水見水是也。九宮係九數。納音係五音。如甲子至癸酉十年。所納五行。甲子至癸酉十年。與甲午至癸卯十年。同爲金火木土金。甲戌至癸未十年。與甲辰至癸丑十年。同爲火水土金木。甲申至癸已十年。與甲寅至癸亥十年。同爲水土火木水。原註排法并未註出。此法係史記日者列傳。五行家言。與九宮不同也。且施諸事實則殊不驗。其說蛇足而已。原文下云統臨專臨皆善。吉莫大焉。統臨不善而專臨善。不失爲吉。統臨善而專臨不善。不免於凶。然凶猶未甚也。若統臨專臨皆不善。斯凶禍之來。莫可救矣。此以游移兩可立說。其爲僞術。不攻自破。

河謂專臨。卽六甲旬飛到八山之干支也。三元各以本宮所泊。隨宮逆數。

至本山得何干支。即以此干支入中宮順佈。以論八山。生旺則吉。剋殺則凶。

按此僞術之尤者。年紫白皆隨宮順佈。不若山向飛星分陽順陰逆者也。惟甲年至乙年則逆數之。且年紫白與六十干支相輔而行。如上元甲子洎一白者爲甲子。癸酉。壬午。辛卯。庚子。己酉。戊午。七年。由一白而逆數九紫。爲乙丑。甲戌。癸未。壬辰。辛丑。庚戌。己未。七年。復由九紫而逆數八白。以下類推。此一定之理。所關係者惟年而已。如甲子年僅有甲子之干支。與年紫白有關。此法則宮宮有干支。又以本山干支入中宮順佈。殊不知年紫白專臨。其干支僅有一年之用。若循其法。則逆數有九年。順佈又有九年。作者實不知年紫白之理而已。

又當與本宮原坐星殺合論。或爲生見生。或爲生見殺。或爲旺見生。或爲旺見退。禍福背壞。一一參詳。此所謂專臨之名也。

按此節似係原文。未經改竄者也。原坐指山向二盤飛星言。將年紫白飛臨之字。與山向飛星所得之字。一一參詳是也。

統臨專臨皆善。吉莫大焉。統臨不善而專臨善。不失爲吉。統臨善而專臨不善。不免於凶。然凶猶未甚也。若統臨專臨皆不善。斯凶禍之來。莫可救矣。

按作者於紫白。僅知其一。而未知其二。如三白寶海之亞流而已。此節作者自知僞術不能欺世。故作游移兩可之語以自飾爾。

至於流年干支。亦入中宮順飛。以考八山生旺。如流年不得九星之吉。而得歲音之生旺。則修動亦獲吉徵。

按流年主一年之吉凶。山向飛星主宅之全局。若全局不吉。流年雖吉。亦不免於凶。全局吉。流年雖不吉。亦未能見凶。若僅以歲音之生旺。修動希獲吉徵。則於理有所不能。

禽星穿宮。當先明二十四山入中之星。巽角。木。辰亢。金。乙氐。土。卯房。日。甲心。月。尾。火。寅箕。水。艮斗。金。丑牛。金。癸女。土。子虛。日。壬危。月。室。火。亥壁。水。乾奎。木。戌婁。金。辛胃。土。酉昴。日。庚畢。月。觜。火。申參。水。坤井。木。未鬼。金。丁柳。土。午星。日。丙張。月。翼。火。巳軫。水。各以坐山所值之禽星入中順佈。以論生剋。但山以辰戌分界。定其陰陽。自乾至辰爲陽山。陽順佈。自巽至戌爲陰山。

陰逆行。星生宮者。動用與分房吉星剋宮者。動用與分房凶。

按二十八宿謂之禽。又有禽煞八。卽史記日者列傳叢辰堪輿兩家言也。今以歲差之故。二十四山之禽星。已與昔時不同。且叢辰家與堪輿家之言。與九宮異。論衡譏日篇云。堪輿歷歷上諸神非一。聖人不言。諸子不傳。殆無其實。其說何足采。當時楊盤所列此者。似爲諏吉之用。今瞽者爲人推命。所謂黑虎遁者。卽演禽之法也。用於地理。實無一驗。且下文姚註演排。亦非演禽之法。

流年之禽星。則以値年之星入中宮。陽年順飛。陰年逆飛。而修造之休咎。於此可考。

按如今年戊寅。參水猿値年。畢月烏管局。每年有一定之理。管局者。卽寅之對宮。値年者。卽申之隔宮。天干之庚也。其排列有一定之次序。陽順陰逆之說。雖可排列。然用於九宮。則爲贅疣駢拇。

八門加臨者。乾山起艮。坎山起震。艮則加巽。震則從離。巽從震。離從乾。坤從坤。兌從兌。以起休門。順行八宮。分房安牀。獨取開休生爲三吉。

按奇門與九宮同出一原。所謂門者。卽九宮五字飛到之處。其奇門之奇字。不作奇異之奇解。因奇係寄之本字。所謂奇門者。卽寄門也。漢書藝文志所謂羨門式是也。羨與奇音通。原文及姚註均未知奇門之術。奇門原式。坎休乾開。卽九宮之一六共宗也。艮生震傷。卽九宮之三八爲朋也。巽杜離景。卽九宮之四九爲友也。坤死兌驚。卽九宮之二七同道也。則艮坤亦爲生死之門。與九宮用法同。以休開生爲三吉。休卽一白。開卽六白。生卽八白。與九宮之一六八爲三吉者亦同。原註乾山從艮上起休。震生巽傷離杜坤景兌死乾驚坎開。是艮處休一。震處生八。巽處傷三。震巽合三八爲朋。離處杜四。坤處景九。離坤合四九爲友。兌處死二。乾處驚七。兌乾合二七同道。坎處開六。與艮處休一。合一六同宗。係艮一位而無門之可奇。所謂門者。休入中。門在坎。死入中。門在坤。傷入中。門在震。杜入中。門在巽。五入中。八方爲坎休坤死震傷巽杜乾開兌驚艮生離景。卽中五之作用。開入中。門在乾。驚入中。門在兌。生入中。門在艮。景入中。門在離。所謂門者。卽五字加臨之處。九宮與奇門。其理同一。不過術士巧立名目。以欺世人而已。原文根本錯誤。不足爲訓。

又有三元起法。上元甲子起乾。順行四維。乾艮巽坤。週而復始。中元甲子起坎。順行四正。坎震離兌。下元甲子起艮。順行四維。艮巽坤乾。

按此節原文。更誤解奇門矣。天下事只有一法。幷無二門。硬將奇門分而爲二。原註云。如上元甲子年乾上起休。坎生艮傷震杜巽景離死坤驚兌開是也。坎生艮傷。卽九宮之三八爲朋。震杜巽景。卽九宮之四九爲友。離死坤驚。卽九宮之二七同道。乾休兌開。卽九宮之一六共宗。不知太一下行卦宮之理。以爲乾上起休者。硬以休字排在乾上。順則順流而下。逆則逆流而上。而無門之可奇。謬之尤謬。此節爲最。

論流年係何宮起休門。亦論其山之陰陽順逆。如寅甲爲陽。陽主順。乙卯爲陰。陰主逆。但取門（奇門也）生宮。宮門比和爲吉。宮剋門次之。宮生則凶。門剋宮則大凶。

按原文論陽順陰逆不誤。至宮剋門次之以下三句則誤。姚註八宮起休之法。在分二十四宮之陰陽。以爲順逆排去。就震宮一宮論之。震分甲卯乙三山。又甲係陽干爲陽山主順。又乙係陰干。卯係陰支。爲陰山主逆。姚氏全註中可采者惟此而已。至挨法又誤。

九星弔替者。如三元九星入中飛佈。均謂之弔。而年替年。月替月。層替方。門替間。皆以替名。

按九星者。貪狼巨門祿存文曲廉貞武曲破軍左輔右弼是也。與九宮有別。此言九星。實指九宮言爾。蓋年有年紫白。月有月紫白。日時亦有紫白。層方門間。視天地盤山向飛星。合年月日時紫白而觀之。則吉凶立判。

如上元甲子年。一白入中宮。輪至子上。乃歲支係六白。卽以六白入中飛佈八方。覘其生剋。而支上復得二黑。是年替年也。

按如上元甲子年。一白入中宮。六白在坎。飛佈八方。與天地盤及山向飛星合觀之。吉凶立判。甲子之字。在干支論。雖爲甲子。以九宮論。上元爲一白。中元爲四綠。下元爲七赤。不必再以歲支入中。此僞說也。

又如子年六白入中宮。輪至辰上。三月建係五黃。卽以五黃入中宮輪見八方伏位。而月仍復四綠。是月替月也。

按月紫白。合天地盤山向飛星及年紫白合觀之。吉凶立判。此以月建飛到之字。再入中。另飛一盤。以爲月替月之法。實誤。

如二層屋。下元辛亥年五黃入中。六白到乾。以六白入中輪佈八方。論生尅。是層替方也。

按五黃入中。即以五黃輪佈。不必用六白。誤。

又二層屋。二黑居中。如開離門。則六白爲門星。辛亥年五黃入中。見九紫到門。尅原坐金星。復以九紫入中。輪數八方。而六白到坤。及第七間。是門替間也。

按門替間之方亦誤。

此河圖之妙解。運命之災降。不可以預決矣。

紫白訣通釋下篇

杭縣沈祖緜瓞民著

四一同宮。準發科名之顯。

按。玄機賦云。坎无生氣。得巽木而附龍聯歡。又云。名揚科第。貪狼星在巽宮。又云。木入坎宮。鳳池身貴。與此同。皆指得令言也。飛星賦云。當知四蕩一淫。淫蕩者扶之歸正。失令時四一即主淫蕩。姚註全篇不足爲訓。須以天地盤山向飛星爲斷。至於流年紫白加臨者主助一年之吉凶。陽宅門開旁宮者。再以門向一盤合參之。

九七合轍。（合轍一作穿途）常招回祿之災。

按。九爲火。七爲金。金被火克。二字同宮。失運時即有火災之應。玄空祕旨云。火剋金兼化木。數驚回祿之災。飛星賦云。赤紫兮致災有數。與此意同。若九七同宮之處。其方宜空。或見水可免回祿之災。然九七終非佳兆。形勢不善。動輒得咎。如玄空祕旨云午酉逢而江湖花酒凶多吉少。可徵。

一五交加。羅死亡並生疾病。原作而損主亦且重病

按。坤二爲病符。若年上紫白五黑加臨。則有此病。飛星賦云。黑黃兮釀疾堪傷。卽是此意。

三七疊至。被刦盜更見官災。

按。玄空祕旨云。震庚會局。文臣而兼武將之權。又云。長庚啓明。交戰四國。皆指得令而言也。又云。兌位明堂破震。主吐血之災。又云。木金相反。背義忘恩。飛星賦云。乙辛兮家室分離。皆指失令耳。此句重在。疊至二

字。若天盤與山向飛星已見三七而年紫又三七疊至。震木爲兌金所剋。兌爲毀折。主刼盜。又西方屬金。金爲刑官。震受剋制。主招官災。

蓋四祿爲文昌之神。職司祿位。（原作天輔太一）一白爲官星之應。主宰文章。（原作牙笏文章）還官復位固佳。交互疊逢亦美。

按。此重言四一同宮之美。水木相生故也。還宮者。山向飛星有四一處。又逢四一是也。復位者。卽伏吟。主不吉。雖逢四一。亦不作吉論。蓋玄空之理。重在不足宜補。有餘宜洩。如本宮叢犯。則四一爲水泛木流矣。

故三九九六六三。惟乾離震攀龍有慶。而二五八之位。（位原作閒）亦可蜚聲。

按。此節連下二節。　先子曰。三九。九六。六三。一七。七四。四一。八二。二五。五八。此三節爲前人所未道破。實卽指中宮山向飛星也。第一節爲六運之艮坤寅申兩局。第二節則四運之艮坤寅申。第三節乃指二八兩運之未丑。蓋皆山向當旺之局也。僅舉坤艮兩卦者。因坤艮爲生死之門。舉一反三之義焉爾。蓋六運艮坤中宮爲三九。山上爲九六。向上爲六三。故曰三九九六六三。乾之向上飛星二。離之向上飛星八。震之向上飛星五。故曰二五八之位。此言山向飛星挨排之法。惟六運之艮坤到山到向。故作者舉一以反三。又舉乾離震三宮向上飛星爲二五八以明之。是雖拘于天機不可洩漏。亦偶然流露而已。至攀龍有慶亦可蜚聲八字。恐非原文。因六運五已退氣。二則去之更遠。八雖下元之統卦氣。時尚未至。豈能攀龍有慶。亦可蜚聲也哉。註大誤。

一七七四四一。但坤艮中附鳳爲祥。而四七一之房。均堪振羽。

按。四運之艮山坤向。中宮爲一七。山上爲七四。向上爲四一。故曰一七七四四一。坤艮中之中字。卽中宮之中也。此言坤之向上飛星爲四。艮之向上飛星爲七。中宮向星爲一。故曰四七一。

八二二五五八。在兌巽坎登雲足賀。而三九六之屋。俱足題名。

按。二運之未山丑向。原文似當作五八八二二五。則中宮爲五八。山上爲八二。向上爲二五。兌宮向上飛星三。坎宮向上飛星九。巽宮向上飛星六。兌巽坎三字宜易兌坎巽。至八運未山丑向。中宮爲二五。山上爲五八。向上爲八二。兌宮向上飛星九。坎宮向上飛星六。巽宮向上飛星三。與兌巽坎之飛星僉舛。是當從二運之未山丑向。三爲二之未來氣。登雲足賀。猶堪說也。九六則不能總之此三節。皆言山向飛星挨排之法。後人不知。將原文竄改爾。

遇退殺可無嫌。逢生旺而益利。年與運固須並論。運與局尤貴參觀。

按。姚註以一四同宮立說誤矣。乃承上文而言也。如六運之艮山坤向。寅山申向。四運之艮山坤向。寅山申向。二運之未山丑向。皆到山到向。八國雖有退與殺者。然一貴當權。亦可無嫌。倘逢生旺之氣。其效益神。此言年運須並論。姚註僅論年而不論運。誤讀原文矣。若年月俱利。而局不合。亦非。如四六運之艮坤寅申二運之未丑到山到向。若坐空朝滿。排山而無山。排水而無水。仍犯上山下水之病。此局與運。尤貴參觀也。

運氣雙逢分大小。年月加會辨三元。

按。此所謂大運。卽上元中元下元也。所謂小運。卽上元一運二運三運。中元四運五運六運。下元七運八運九運。年紫白上元甲子年一白在坎。中元甲子年一白在巽。下元甲子年一白在兌。此年之當辨三元也。至於月紫白子午卯酉年。一白在八月。辰戌丑未年。一白在五月。寅申巳亥年。一白在二月。十一月。原文月辨三元。誤。殆其信筆爾。年月交會辨三元。則重在元運可知。

但住宅以局方爲主。層間以圖運爲君。

按。局方層間。均以圖運爲主。原文分而爲二。誤。

故坤局兌流。左輔運臨。科名獨盛。

按。原文指八運未山丑向言。兌方向上飛星九。九爲八之未來氣。所謂聯珠水是也。天盤之一與九合十。玄空祕旨云。南離北坎。位極中央。玄機賦云。中爻得配。水火方交。然在九運方驗。此指排水而言也。

艮山庚水。巨門運至甲第流芳。

按。二運之丑山未向。庚方有水。可作城門用。惟二運未向。若離方有水。則較庚水爲尤吉。蓋離方天盤六。山向飛星爲一四。此一四同宮。又得一六同宮。科名更盛矣。

下元癸卯。坎局之中宮發科。

按。癸卯年在八運。年紫白四綠入中。位位與山上飛星成伏吟。原文合者。惟五運之子山午向。是年四六入中。中宮與山上飛星合一四。坤方與山上飛星。又合一四。向上飛星與天盤本合一四。巽方與向上飛星亦合一四。交互疊逢。方有此應。

歲在壬寅。兌宅之六門入泮。

按。壬寅年亦下元八運。五黃入中。位位與地盤成反伏吟。豈能入泮。想係七運所建之卯山酉向。或乙山辛向。門開巽方。其反伏吟與山上飛星字字合十。方有此驗。因姚註云。兌宅七赤入中。六白飛到巽。是巽爲六門。下元壬寅五黃入中。四綠到巽。故曰兌宅之六門入泮。姚氏昧於七運所建之宅。六門在巽。不知係七運卯山酉向也。

此白衣求官。秀士赴舉。推之各有其法。而下僚求陞。廢官思起。作之亦異其方。

按。此重言一四同宮也。

夫殺旺須求身旺爲佳。造塔堆山。龍極旺宮加意。

按。如現在四運。向上四字挨到處。卽生旺也。三爲已去之運。二爲去久之運。向上飛星二三所臨之處。是處有水。卽謂之殺。宜造塔堆山以補洩氣。姚註正相反。所謂龍者指水言。極者指中宮言。

制殺不如化殺。爲貴鐘樓鼓閣。局山生旺施工。

按。姚註謬。玄空之法。虛實兼施。上指向言。此指山言。謂宜於山之生旺方。築室以扶其氣。

七赤爲先天火數。九紫爲後天火星。旺宮單遇。動始爲殃。煞處重逢。靜亦肆虐。

按。上文九七合轍。常招回祿之災是也。七爲金。古人生成以二七爲火誤矣。見拙著九宮撰略。旺。指得運。煞。指失運。動卽下文廉貞疊至。都天加臨是也。

或爲廉貞疊至。或爲都天加臨。卽有動靜之分。均有火災之患。

按。廉貞卽五黃。都天卽戊己。廉貞都天。加臨七九挨到之宮。卽爲之動。此指旺宮而言也。

是故亥壬方之水路宜通。通者閉之。則登時作祟。右弼方之池塘可鑿。鑿者塡之。則隨手生殃。

按。亥壬右弼。非元旦盤之亥壬右弼。乃山向飛星之亥壬右弼也。近見治陽宅者於是方鑿池。一無效驗。無他。不知天心正運故也。

廟宇刷紅。在一白煞方。尙主瘟火。樓臺聳琰。當七赤旺地。豈免炎災。

按。一白屬水本可制火。廟宇大者主瘟火。小者主目疾而已。

建鐘樓於煞地。不特亢旱常遭。造高塔於火宮。須知生旺難恃。但一宮而二星同到。必片刻而萬室全灰。

按。煞方。玄空以退氣爲煞方。如一運九字八字挨到處。二運一字九字挨到處。三運二字一字挨到處。四運三字二字挨到處是也。餘類推。火宮。即九字四字挨到處是也。

巽方庚子造高樓。坎艮二局俱焚。而坤局之界不犯。

按。姚註云。庚子中元也是也。庚子在五運。住宅南北向占多數。世人動喜巽方高聳。以爲生氣。如一運子山午向。所建住宅在五運庚子年巽方建高樓。四入中。巽方天盤九。年盤三。九爲火數。木能生火。坎上年盤九。與向上飛星九相遇。九火數也。艮上年盤七。山上飛星九。與中宮之四相遇。中宮與山上飛星。合四木數九火數。木生火也。故犯火災。坤方年盤一。水能制火。故可不犯。若在二運子山午向。所建住宅。而五運庚子年巽方建高樓。四入中。巽方天盤一。年盤三。水能生木。木又生火。坎上年盤九。與天盤七九合轍。火剋金也。山向飛星爲二。艮上年盤七。向上飛星爲九。七九又合轍。山上飛星爲四。四能生九之火。山向飛星四九。火數也。中宮之四助其勢。同屬陰神。爲祟更烈。坤方年盤一。水能制火。故可不犯。三運子山午向。所建住宅。在五運庚子年。巽方建高樓。四入中。巽方天盤之二。與山上飛星之七合二七金數。年盤三是木受金制。坎上年盤九。與山上飛星四。合四九火數。其勢熾矣。故是方亦犯火災。艮上年盤七。與天盤六。爲交劍殺。向上飛星四。爲二七之金所剋。至衰之方也。亦當受災。坤方年盤一。與向上飛星一。比和。故可不犯。四運子山午向。所建住宅。在五運庚子年巽方建高樓。四入中。四運之天盤。與是年年盤字字成伏吟。巽方天盤三。年盤三。地盤又四。木氣盛矣。坎上年盤九。與天盤九。皆火數也。合成四九火勢。爲災至巨。山向飛星爲四四。火勢益熾。艮上年盤七。與天盤七。成伏吟。又與向上飛星二合二七金數。火星疊疊以制金。金無生氣。亦當受火災也。坤上年盤一。與天盤一。雖爲伏吟。然爲水所制。故可不犯。此作者熱於天心正運。故抉要而言之。使人知玄空之理。當知飛星四綠方宜高。而元旦盤之巽方。則有宜有不宜也。

巳上丙午興傑閣。巽中離兌皆燼。而艮局遠方不侵。知此明徵。不難避禍。

按。巳屬巽。此舉五運癸山丁向住宅言也。五運本屬旺運。是年流年不利。動則得咎。中宮山上飛星九。與天盤四合。四九火數也。丙午年七入中。即七九合轍。火剋金也。兌方天盤七。山上飛星七。年盤九。亦九七合轍。故患火災。惟巽中離兌四方。原文誤。姚註以二黑到離。二爲先天火數。巽方本九紫火宮。實勉强附會爾。疑離兌中宮皆燼也。因離方天盤九。年盤二。向上飛星五。五即離。二加火上。火勢甚熾。故有斯驗。

正煞爲五黃。不拘臨方到間。人口常損。病符爲二黑。無論流年小運。疾病叢生。

按。此言年紫白二五之害。玄空祕旨云。值廉貞而頓見火災。飛星賦云。

五黃飛到三叉。尙嫌多事。其凶如此。又飛星賦云。黑黃兮釀疾堪傷。慈同。

五主孕婦受災。黃遇黑時出寡婦。二主宅母多痗。黑逢黃至出鰥夫。

按。此言失運之住宅年月五黃與二黑相遇逢者也。

運如已退。廉貞逢處眚不一。總以避之爲良。運若未交。巨門交會病方深。必然遷之始吉。

按。此重言二五之害也。曰運已退。運未來。與當令者有別。

蚩尤碧色。好勇鬥狠之神。破軍赤名。肅殺劍鋒之象。是以交劍殺興多刦掠。鬥牛殺起惹官刑。七逢三到生財。豈識財多被盜。三遇七臨生病。那知病愈遭官。

按。此言失運時之三七也。玄空祕旨云。木金相背。背義忘恩。若得令時。則爲震庚會局。文臣而兼武將之權。長庚啓明。交戰四國。飛星賦有七剛三毅者。得時則文武全備。失時則鬥爭肅殺。故七遇六白爲交劍殺。三碧遇庚。又遇八白丑爲鬥牛殺。

運至何慮穿心。然煞星旺臨。終遭刼賊。身強不畏反伏。但助神一去。遂見官災。

按。穿心煞五運之壬丙丙壬。庚甲甲庚。乾巽巽乾。亥巳巳亥。艮坤坤艮。寅申申寅。皆不當運。謂之穿心煞。此言穿心煞者。指年盤五黃入中之年也。五黃入中。二十四山位位皆穿心煞。卽反伏吟也。故原文與反伏吟相提並論。然年盤反伏吟爲害尚微。惟向上飛星一盤。五入中順行者。爲禍甚烈。無助神之可解。原文未盡然也。
要知息刑弭盜。何須局外搜求。欲識愈病延年。全在星中討論。
更言武曲青龍。喜逢左輔善曜。六八武科發跡。否亦韜略榮身。八六文士參軍。或則異途擢用。旺生一遇已吉。死退雙臨乃佳。
按。玄空以三白爲吉。一白六白八白皆吉星也。得令時主武科發跡。文士參軍。失令時則否。玄機賦云。艮配純陽。鰥夫豈有發生之幾兆。原文謂死退雙臨乃佳。失其旨矣。
九紫雖司喜氣。然六會九而長房血證。七九之會尤凶。
按。九六之會得令者。如玄空祕旨所云丁丙朝乾。貴客而有耆耄之壽。失令時。如玄機所云。火照天門。必當吐血。得令而形局有不善者。如玄空祕旨所云。火燒天而張牙相鬥。家主罵父之兒。玄空之理。須以活潑潑妙用斷之。血症固不限於長房。若失令時。房房如此也。七九之會。本凶。

四綠固號文昌。然八會四。而小口殞生。三八之逢更惡。

按。三八得令者。如玄空祕旨云。山風値而泉石膏肓。亦未見大凶。三運卯山酉向。山向飛星向上爲雙八。三運酉山卯向。山向飛星山上爲八三。皆有吉而無凶。不能以木尅土爲凶徵也。

八逢紫曜。婚喜重來。

按。玄機賦云。輔臨丙丁。位列朝班。取火土相生也。

六遇輔星。尊榮不次。

按。得令時如此。取金土相生也。失令時如玄機賦所云。艮配純陽。鰥夫豈有發生之機兆矣。

如遇會合之道。盡在一四之中。

按。此篇拘于一四同宮立論。恐後人竄改。非原文也。一四兩字。疑山水之誤。蓋上文諸星並論。非句句一四也。

欲求嗣續。紫白惟取生神。至論帑藏。飛星宜得旺氣。

按。此承上文。以山向二片立論。山主人丁。向主財祿。

二黑飛乾。逢八白而財源大進。遇九紫則瓜瓞緜緜。

按。此指五運子山午向。山向二盤而言也。乾宮向上飛星八。故曰逢八白。山上飛星九。故曰遇九紫。二黑指年盤而言。二八相逢。卽玄機賦所謂坤艮通偶爾之情。又云巨入艮坤。田連阡陌。得令時。故有此應。二九相逢。爲火生土。得令時逢之。此房住人。定可育男。

三碧臨庚。逢一白而丁口頻添。交二黑則倉箱濟濟。

按。庚字誤。當作巽字。上言五運子山午向之乾宮。此言午山子向之巽宮也。乾巽對待。術士以天門地戶稱之。作者舉子午之乾午子之巽二宮。以明其他各宮山向飛星。皆可推求之理。舉一反三耳。上言二黑飛乾者。係中元乙酉。甲午。癸卯。三年。一白入中之年也。此言三碧臨巽者。係中元辛卯庚子二年。四綠入中之年也。一三相逢。水木相生。中宮之四綠。助巽方之氣。巽之四。更得旺氣。玄空祕旨所謂喬木扶疏。玄機所謂雙木成林者是也。得令時逢之。故有此應。二三相逢。坤爲財帛田園。

富兆也。三得中宮之四。及巽宮地盤之四相助。以剋坤土。故主旺財。上言二黑飛乾。向八山九。皆爲未來之運。三碧臨巽。向二山一。過去之運也。豈能旺丁旺財。因五運之午子子午爲旺向。其旁宮飛到之字。雖不當令。亦可作吉星也。癸丁丁癸山向同。

先旺丁。後旺財。於中可見。先旺財。後旺丁。於理易詳。

按。重言申明山向二盤。山旺人口。向旺財祿之理。惟拘天機不可洩漏。故未敢直言耳。反以先後二字。矇蔽讀者。此術士之慣技。

木間逢一白爲生氣。添丁不育。必因星到艮坤。火層遇木運爲財宮。官累不休。必是年逢戌亥。故遇煞未可言煞。須求化煞爲權。逢生未可言生。猶懼恩星受制。

按。三間八間爲木間。其說實不足據。且與上文意悖。原文以爲一白受艮坤之剋。木運受戌亥乾金之剋。剋作煞論。非也。

但方曜宜配局。配坐山。更配層星。乃善。門星必合山合層數。尤合方位爲佳。

按。玄空立向。有一定之理。層間之說。並無效驗。全在空處宜空。實處宜實而已。

蓋在方論方。原有星宮生剋之辨。復配以山之生死。局之旺衰。層之退殺。而方曜之得失始彰。

按。方曜得。方可建宅。方曜不得。待時再建可也。玄空之理。以生者爲吉。剋者爲凶也。得時生者固吉。剋者亦吉也。失時則生與剋皆凶也。

就問論間。固有河圖配合之殊。再合以層之恩難。山之父子。局之財官。而間星之制化聿著。

按。玄空五運之盤爲洛書。其他各運。星層流轉。皆河圖之作用。以局定向。物物一太極而已。不必如此拘泥。

論方者以局山層同到。觀其得運失運。而吉凶懸殊。

按。吉凶由方而來。得時者吉。失時者凶。

論間者以運年月疊至。徵其得氣失氣。而休咎迥別。

按。玄空之理。財祿以向一盤爲主。人丁以山一盤爲主。故運之得失。全在山向二盤。得氣者。年月紫白更助其得氣。失氣者。年月紫白一無所用。

八卦六白屬金。九星二黑屬土。此號老父配老母。入三層則木來剋土。而財少。入兌局則星到生宮而人興。更逢九紫入土木之元。斯得運。而主科名。財丁並茂。

按。八卦乾坤震巽坎離艮兌也。九宮一白二黑三碧四綠五黃六白七赤八白九紫也。九星貪狼巨門祿存文曲廉貞武曲破軍左輔右弼也。三者雖同而異。今曰八卦六白九星二黑。卽是語病。二六同宮。玄空祕旨云。富並朱陶。斷是堅金遇土。玄機賦云。地天爲泰。老陰之土生老陽。三層雖木數。爲乾金所剋。不能剋坤土。得令時尚見財少。如二運乾山巽向。向上飛星二。山上飛二到山到向。三層之屋。在二運時財丁兩旺。至三運震方有水者。其家仍不替。無水者不如二運之興盛。不知玄空重在排水有水。不在層數也。入兑局以下云云。均非的論。因二七與七九。均非吉徵。似當以令星之得令失令斷之。不能拘執於層間也。

河圖四間屬金。洛書四綠屬木。此爲河圖尅洛書。入兑方則文昌破體而出孤。入坤局則土重埋金而出寡。若以一層入坎震之鄉爲得氣而增丁口。科甲傳名。

按此節誤與前同。

局爲體。山爲用。山爲體。運爲用。體用一元。合天地之動靜。

按。此言體用於理不合。蓋玄空之理。以局爲體。以運爲用。山向爲用中之用。

山爲君。層爲臣。層爲君。間爲臣。君臣合德。動神鬼之驚疑。

按。玄空以山向爲君。層間爲臣。層之次數間之方位。由中宮推排而出。
然後層間之生旺衰煞。方有確據。所謂形氣兼觀者是也。

局雖交運。而八方六事。亦懼廉貞戊己疊加。山雖逢元。而死位退方。猶懼巡羅天罡助虐。

按。年紫白懼廉貞加臨。六戊六己不忌。原文廉貞戊己係一事。姚氏分而爲二。以六戊六己解之。誤。巡羅卽巡山羅喉。如今年戊寅巡羅在甲。卽寅建之前一字也。至天罡。姚氏以奇門解。似可不必因辰爲天罡也。

天罡爲玄空所不采。

蓋吉凶原由星判。而隆替乃由運分。局運興。屋運敗。從局召吉。山運敗屋運興。從屋徵祥。

按。前二句。是也。局運與以下有語病。

發明星運之用。啓迪後起之賢。神而明之。存乎其人也。

右玄空祕旨。玄機賦。飛星賦。紫白訣四種。乃治玄空之要前人注釋。傳訣守祕。引而不發。奧言隱詞。解者紛紜。時更數世。譌文竄句。經妄人之改臆者。皆數數然也。而紫白訣尤甚。不可卒讀。昔　先君子撰地理辨正抉要。學者歎爲絕作。以爲疑文冰釋。蓋發古今未有之奇也。竊師前例。擬作通釋。以明玄空古義。人事倉卒。遲未成也。丁丑歲。東南糜爛。避地于泰縣鮑家湖畔之潘王莊。荒村僻壤。古樸可風。然憤慨之餘。更無書可覽。有請述玄空者。輒取此四種。條比其文。別爲利解。錄而成卷。名曰玄空古義四種通釋。因其舊文。闡其奧恉。雖處窮鄉而未能廣證。然其要義。亦盡見於斯。仲尼有言。小道可觀。致遠恐泥、君子弗爲。形法之言。本於易理。能弗囿成見。深造以道。庶幾乎至矣。翌歲戊寅。轉輾至上海。吾友張席卿陳灝泉沈家宏諸君。及門楊純三馮柏榮二生。咸以此書爲昔之所祕。今則皎然明白。乃助貲付梓。以免治斯術者。誤入歧途而不反也。書成。爰述梗概云爾。

庚辰仲夏杭縣沈祖縣識于上海寓次

地理疑義答問自序

許君叔重有言。堪天道。輿地道。此巒頭理氣之道也。蓋地理之數。巒頭爲體。地道也。理氣爲用。天道也。天地合德。始曰堪輿。第世人知焉不詳。如地吉矣。而用非其時。或時吉矣。而不能得其地。於是堪輿之大用不顯。故云體無用不行。用無體不彰。其必體用一元。而後其道大明也。諺謂楊公不登坟。不敢斷貧富。是未經目驗。恐其偏廢無當。斯眞誠入微。謹而後斷。蓋與率爾從事者異也。夫理氣無形。其義玄奧。非經名師傳授。莫能領會。即從師矣。而易之大用。乾轉坤移之學。不易輕闡。致得傳者無幾。名師之不易逢。若斯之難也。天德昔葬先君。乃研玄空之學二十載矣。夙知其奧。莫能詳究。己巳冬。始從　本師沈公游。授玄空奧義。悉心索賾。雖不敢云盡得祕訣。存輕易之心。尤不敢蹈不知爲知之弊。惟於玄空書內。義有所未明。或語意未盡。與夫流俗之僞說。凡有所疑。悉舉奉詢。務求心目俱瞭。而沈公循循善答。指其迷塗。問答既多。積久成帙。錄而纂之。成地理疑義答問一卷。藏之行篋。將以遺後世治斯學者。不爲庸師僞術所誤已爾。

中華民國二十九年二月楊天德純三撰于古井拙廬

地理疑義答問

本師杭縣沈瓞民先生答

鶴山楊天德純三問

問山龍來脉。以主山入首處爲父母。八方星辰爲子息。所謂主山。卽入首結穴之主山否。八方。卽八國否。

答入首有來脈之入首。如甲山庚向。祖山在丑。則丑爲父母。未。甲。庚。壬。丙。辰。戌。七字爲子息。結穴處係胞胎。亦作子息論。盤中八國。天元龍。分清天元。地元人元皆然。八國之運星。天元龍者。各字亦均屬天元。人地如之。此下卦之法也。如用兼向。則天地相兼。或天人相互。或人地相混。八國所排列各字。則以星論。不以卦論。均宜分清。總之大地。八國山水。均一卦純清。

問如燕子拍梁。或金龍扛水等。橫龍結作。穴後無頂腦。只結穴處微動而略分八字者。此以來龍之夾耳峯爲到頭主星。微動八字處爲入脈乎。抑此等變格。可不細求之乎。

答此小八字係眞正子息。古人葬地喜橫龍貼脊。以其離父母祖宗較遠。穴上不見主山。在來脈處始見之。其祖宗父母巍然高聳。或有圓秀峯巒。如此則來脈縣遠。代數既長。子孫且能自立門戶。近時地師。必欲於穴上見主山。則其來脈必短。子孫必受壓迫。形局雖佳。不過出田舍翁而已。若急脈且有貫頂之煞氣。而禍更多。穴法不外窩鉗乳突。古人喜葬乳突者。取其平穩耳。至窩恐空。鉗怕直。不如乳突易見。小八字。蟬翼界水容易分清。肌理容易見其剮開故也。

問粵人雖推楊筠松爲正道。且由其挾術來粵東。不稱其名。而稱曰江西先生。但玄空學江西早失其傳。潛移于蘇浙。復少窮究其理。是是非非。無由明辨。江湖謀食者皆僞說紛紛。不獨理無準驗。即巒頭工夫。格龍定穴。均不一致。究竟楊說若何。

答楊筠松之說。詳天玉經青囊奧語。後失傳。蔣大鴻始整理之。故蘇浙略有傳者。

問凡格龍龍在過峽處。抑在墓後一節束咽處乎。定穴究在穴塚內。抑在墓口乎。又塚前祭台邊放水。三合家必取乙丙在戌申壬會辰等三合墓位。雖蔣氏辨正曾闢其非。但未明言其非之故。此以城門訣取放水乎。抑另有他法。又后土位置。有重視。有不重視。廣東各屬風俗。不甚相同究有一定位置否。

答凡格來龍。在過峽處爲準。穴後入首一節爲到頭。亦宜審定。定穴則在穴心格之。竣工之後。則在墓碑處格之。放水以向星飛佈爲主。城門取旁氣通而已。墓位放水納甲收山僞說。皆不必從。后土絕不要緊。江浙后土碑在龍手。吾家坟墓。均不樹后土碑。

問書中論貴秀山穴。大抵陽脈入首。不過財丁門族而已。此陽脈是否如三合家廿四山之十二陽言也。抑指巒頭言乎。

答陽脈指巒頭。卽來脈無墩阜。無泡突。平平而來。謂之陽脈。非廿四山之十二陽也。陽脈平平無奇。故不發貴秀。

問書中乃以實地巒頭斷生肖可也。此實地巒頭。是否指坐山言。如甲山坐庚寅金。如此不由城門而應。而由秀峯以應。其發貴者肖命。均以所坐者爲肖命所屬乎。又兼向用替者。爲甲子金。亦以甲子而斷其生肖乎。

答三叉水口城門流神等之空處。逢太歲塡實之年。其地必發貴顯。至其人生肖。分金爲庚寅者。庚寅人發。而甲寅丙寅戊寅壬寅之命亦發。但不及庚寅爾。翻閱宅斷鄒狀元壬子命自明一切也。兼向用替者亦如此。

問城門有一定之方位否。

答有。坎宅離向。城門在巽坤兩宮。

離宅坎向。城門在乾艮兩宮。

震宅兌向。城門在坤◎乾兩宮。

兌宅震向。城門在艮◎巽兩宮。

乾宅巽向。城門在離◎震兩宮。

巽宅乾向。城門在震◎兌兩宮。

坤宅艮向。城門在坎◎震兩宮。

艮宅坤向。城門在兌◎離兩宮。

凡有圈◎者。與向首合生成之數。爲正格城門。如離向遇巽。即四九爲友。坤雖亦爲城門。但不及巽之力大。故天玉經以有◎者爲正馬。餘則爲借馬是也。

問凡能發貴山穴。似八國中必有秀峯。或之玄之水。正格之城門。始能發貴假如其山。八國無秀峯秀水。只得本身坐山。高大卓拔。如此可能發貴否。

答凡到山到向。均能發福。尖秀出文。員正出武。故山水清秀者出人清秀。山水庸濁者出人俗庸。可斷言也。

問書中過峽處。遇龍運剋洩切須避忌句。龍運既須避忌。譬如過峽處遇太歲加臨。有無吉凶。

答凡大地結穴過峽處。字字與穴相合。如午向天元龍過峽處若丙若丁。則氣不純。發時必有小疵。故天元龍誤立人地之向。房分必有偏枯。三合家好爲人立兼向。昧於定星而不知龍氣純否。此無知妄作之至也。如回龍之局。有午向而子字過峽者。非子能剋午也。運剋龍者。含理氣而言。現在四運過峽處若逢六七之字。金剋木也。宜忌之至。過峽處遇太歲加臨則無關係。不能生禍福。

問書中臨山時辨通與塞。空與實句。此通與空二字。是指八方有水。及或低下處言否。塞與實二字。是指八方之山崗高地。及橋亭樹屋而言否。

答曰然。欲通處而塞則無財。欲塞處而通則無丁。如在四運排到四五六字處。在水宜空。在山宜實。所謂龍分兩片陰陽取是也。

問粵雖有三大江。究屬山谷居者爲多。且俗人不明通塞。每惑于文峯出貴。喜其穴前之朝山高尖。似此山谷之地。四圍山岡環繞。假如穴處旺星到山到向。惟向前數里有高山朝向。如此作水神上山否。

答亦作水神上山論。若內堂寬展。不被緊逼。無礙。大河大溪界之無礙。前

面朝山。較穴低平無礙。因山龍低一寸即爲水故也。向上平田低窪。均
作水論。
問正道晦。僞說興。謀食者詭計無窮。此勢所易致也。若輩所到地方。故炫
其僞術。則將山鈴（圖山形定坐向註明富貴抄本）遺之。以便重來。
俗人不察。珍視採用。非謂李子明所遺。即賴布衣所定。其未必爲李賴
所爲。足跡所經。可不深論。而程子曾言非時不葬。上元下元甲子不同。
則其形局雖美。而葬之未必合時。亦無當也明矣。至李子明何許人。不
甚可考。即傳爲江西的系之賴布衣、亦無書說證明。以誤傳誤。所謂李
賴等山鈴。果有其事否。
答山鈴。起于晉郭璞。所謂天目峯高兩乳長。龍飛鳳舞到錢塘。海門一點

巽峯起。五百年來名世王。相傳如此。然文章不似郭璞。李子明爲劉倀時宦者李托。賴太素浙江處州人。非江西人。此種鈴記。到處皆有。實不足信。劉基亦有鈴記。其文較賴爲高。然亦不足信。

問天元歌死者已枯之骨。非歷久而不榮。生人食息之場。隨呼吸而主應句。此是蔣氏以陽宅快于陰宅。其意是否。又平洋龍較山龍爲快否。

答陽宅受氣較陰宅爲速。陽宅屬動。而變氣易。因其爲流動。凡宅不吉。可移房。房不吉。可移門。門不吉。可移床。流動如此。一年一月之間。總有吉星加臨之日。故陽宅可隨時以人意爲之。陰宅靜。是固定的。吉者則有時亦不吉。不吉者則永無吉期。至陰宅平洋龍快。然不及山龍之悠遠。

問陽宅正道不昌。世人深中八宅僞書諸弊。不識分個人與公共。謬將市鎭之宅爲動宅類。以鄉村者爲靜宅類。立向放水。各逞謬旨。其無當可弗論。況住宅大小不同。間架各異。有單開間。開雙間。或三四開間者有正間。或偏間者。而進數則有二進三進四五進者。又近有二層或三五層之洋樓者。式樣不一。下盤之法。不能明白。其單開間者。當然在間之正中下盤。然係偏間。或二進三進者。則於何處下盤。又洋樓式之上層。必以樓梯爲重。假如子午洋房。住于樓上者。其梯位在宅之左角艮位。則以艮爲氣口乎。

答陽宅以正樑格定。然一進三進及五七進者。以居中一進算。若二進四進六進。宜以物物一太極算。大門卽氣口。尤宜注意。旁門可按城門訣法論。至樓梯以下梯方爲主。所謂接氣是也。從左角艮位上樓。不作艮論。要人從何方下。卽何方爲承氣。用盤格定何字。另飛一盤。定所承之氣可也。總之陽宅間數。照玄空挨排。取其大局之吉星自吉。須避每年加臨之二五凶星。如得本運旺星。或一六八三白均吉。移床于斯方可也。

問紫白賦有生運旺丁句。是卽陽宅欲行催丁。須移床于生方。乃能有效乎。

答拿定紫白圖。取年年三白。及當元旺星。無有不吉。如年星四綠到乾。雖剋出亦可添丁。如以一運午向論。原造向星之四字處。現在得四綠加臨。添丁無疑。

問書云移床催丁。須與命宮相配等語。此命宮卽三元九宮之男女命宮。

生者取生旺其命宮乎。假如住者庚戌年生。爲上元男命九紫。女爲六白。卽此九紫爲命宮。取四綠木方以生之。或不得四綠。而取九紫之旺方以比助之。如此配合乎。

答夫婦命不同者。取比助。若得元乘旺。到山到向之地。皆可添丁。不必拘拘于此也。

問前承答示。凡房門不合。移床于吉方云云。若床位不得坐于旺位。而向于旺方。能有催丁之效否。

答床位宜擇生助男女命爲最宜。如中元乾爲統卦氣。六白可用。現在四運。四爲旺星。四綠最旺。五爲未來之氣。然催丁則無功。惟旺氣亦當取生入剋入比和。

問物物一太極。每一間必有八方。且年年必有吉星加臨于此。移床趨吉。原屬至易之事。但粵省平常屋式。所有房間過狹。闊每七八尺。且多長狹形。廣肇更甚。對此形勢。欲東欲西。每不能得其東西之清楚方位。即每不能得收趨避之效。抑此狹小房間。雖不能絕對得欲震即震之全然清楚方位。而其卦氣。以得震爲多。雖有少許之艮巽相侵。不能奪其多數震氣。亦即完然爲震。便爲震位。便得收趨避之效乎。

答不錯。震多者便是震氣方位。若吳越與粵地房屋不同。非親到不敢下斷。

問竈爲宅中要事。古謂婦主中饋。須與婦命相配否。又竈位屬火。四綠爲木。現在四綠當旺。如坐四或向四。作取當元旺氣。抑木生火。轉爲洩氣乎。

答竈爲婦人之事。雖與宅無關。亦須坐向合吉。現在向四綠方。爲當元得旺吉。若在四巽處作灶。則屬壓。不是洩。作灶重向星。凡排二五八方吉。火門向三四方吉。謂之木生火。火生土。切忌安向七六九方。

問廣肇宅內之土神。每安正中。與門同向。門官必安于入門後之左右方。三合家重視之。究此定位當否。

答不可安生方旺方。宜安煞方衰方。所謂煞重神靈是也。

問井爲有源之水。鄉鎭開井取爲飲料。往往左鋤右鑿。終不能得佳良堪飲之水。究從何方開取。抑在來龍有氣脈處。抑在生旺方乎。此不獨鄉村爲然。卽廣州市之屋。有水澄味甘。有汚惡難聞。不堪飲料。其理是關地脈之有無。抑關方位之生死乎。

答井宜鑿于旺方界水處。其水必潔。

問三合家謂井爲文峯。是井當作山峯論。抑仍作水氣論。

答井實氣也。亦作山峯論。在一四同宮之位。開井尤佳。

問開窗。市鎮中鄰舍相逼。有屋相阻。左右不能開別門趨吉。于是三合家僞設開窗取吉法。擇取生旺方開橫窗。或在瓦面開大天窗。如此可能接收生旺氣以補救否。

答橫窗天窗。不能收生氣。但取空氣流通而已。但窗外形狀惡劣者。亦不可開。

問格城市村莊之公共地。在後方來龍處下盤。抑在水口格之乎。

答以來龍作主。水口爲樞機。

問水口之社壇。三合家甚爲重視。此中之社壇。是否作山峯。爲鎖塞水口之意。抑果以神靈而事之乎。

答凡排市村。用大運排。退氣處可安社位。其神則靈。三合謬說。不足爲訓。

問家廟（卽祖祠）粵俗視爲禍福之源。故祠外鑿池建塔。以期取富取貴。猶有建成種種形式。如此家廟承祀祖先神主。果能如陰宅之發生吉凶。以關後人。抑爲子孫者屬于追宗念祖之舉。無禍福關係發生乎。

答影響較小。然物之所憑。萬一背時。亦必招禍。神壇廟社。最好巒頭有氣（卽山向盤理）有煞。（卽巒頭凶惡）用煞形煞方最靈。所謂煞重神靈也。如廟在過峽處。其神必靈。

問粵人每謂神前社後。不宜居住。按諸事實。凡于神社祠廟前後左右而住者。均爲不吉。果何故乎。

答神前社後。不宜下葬。不獨住居爲然。而前面有屋。如塞實阻碍明堂者。亦宜避忌。

問鄉鎭欲建閘門樓。或欲建高塔。是取當元生旺方爲之否。其法從何處下盤格定。

答如有山取山之來脈格準。水以水口格準。

問天井放水。宅斷無一言涉及。而三合家則神說紛紛。究以何位爲宜。

答放水于旺方爲宜。三合家言。拘執可勿信。放水如陰宅之明界處。須宜流通。惟陰宅重在元辰水。界水自高而下。而陽宅在平地。與陰宅異。凡本運當元之旺星可放水。未來氣處可放水。若宅大者。三白處均可放水。不必一口氣出也。此指明溝而言。若埋地下目所不能見者。在玄空不談。

問二宅水光映照。遠水不及近水之功大。但太近則恐有割脚之禍。此中遠近有尺寸否。

答水以近爲貴。凡十丈之河面。必須離岸十五丈築屋方利。其財始悠久。能離岸二十丈。門前無掩蔽。水深能灣曲畜聚尤佳。遠水次之。凡目能見之水。均有效力。不過遠則力微耳。

問鑿池。凡二宅對于八方。排水處而無水照映。用人力築池蓄水。或鑿導浜圳。在得元時能有效力否。

答有效力。與天然生成者等。

問粵俗有鹹水淡水之分。在二宅之運而論。只有排山者得山。排水者得水。自然獲吉。從無有水質鹹淡之分。但粵俗每謂鹹水結作。福力大減。果有理否。

答此說不確。水性無分鹹淡。惟茶糟臭污之水不吉。

問粵俗各村。村前必鑿池蓄水。如此池塘水。作向上之水論否。又有吉凶否。

答如此之池塘水。可作貼身水論其吉凶視元運而定。

問二宅于明堂內。被人建造高樓大塔。或栽種竹木。遮蔽面前水光。如此變作向星上山論否。

答作向星上山論。

問明堂雖被人建屋。或種樹。但仍得見面前水光映照。如此可不作向星上山論否。

答能見水光。不作向星上山論。

問城市鱗次櫛比。假如舖屋正門之外。又開一後門。如此之舖屋。排山時旺星到山。作爲坐空否。

答後有屋。卽作山論。

問陽宅均以建造時。或入住時修理爲立極。假如一父生兩子。在三運造三開間之屋。三運時爲長子娶婦住左間。遲幾年轉入四運。爲少子娶婦住右間。兩子分食。于書所謂一到分房宅氣移之旨。是分作兩家耳。

其長子三運娶婦。固仍照三運立極。其少子則在四運娶婦而住。抑須照四運立極另起宅舍。以推吉凶否。抑父母尚在。仍以父母爲主。不必另排乎。

答同爲家人。無須也。且宅舍之說。實不可信。每見宅吉。凡住三白。及本運旺星。與未來之進氣之位者。房房皆吉。如龍濟光督粵時。其兄弟子姪均發。可以類推。濟光一敗。其兄弟子姪。及一班依附者。均卽失敗。以此例之。一家亦如此。

問一國之治亂興衰。原以京都宮殿爲主。應中國北京面勢屬乾巽。爲二八兩運發福之局。失運則衰。故明社于崇禎而亡。但查清朝入關時爲甲申。雖爲小運八運。然城市用大運排算。實則屬六運。六運于乾巽爲反伏吟。且渤海映其前。原不吉之局也。新易國主。卽爲新立極。而順治入關後亦都于此。竟成統一。逐漸興盛。似不以地面而受影響。是別有故乎。

答排大運非一坎二坤三震四巽等論。須排卦。與皇極經世有同異。朱尊地理辨正補有表可查也。至北京淸僭國後。將水道改濬。故氣益盛。至庚子後。京北水源頓涸。不加修濬。其氣日衰。國運日蹙。

問書中申尖興訟句。註謂尖峯在一九爲文筆。在四爲書算。在申爲詞訟之筆云云。八國中遇如此峯巒在飛星。果屬的驗否。

答得令者爲刑官名幕。失令者爲訟棍。甚驗也。申非申方尖峯。排山時排到二字處。有高峯卽驗。

問書中火曜連珠相値青雲路上白逍遙句。註謂一六二七三八四九九一二四等。皆爲連珠云云。此文筆峯排山時排到九一之連珠。果亦應運發貴。抑不必拘拘于一四一六乃貴乎。

答按章本無白字。火曜卽尖秀之峯。排列于主山朝案。用又得一六聯珠之妙。主交運卽應。一九亦聯珠。聯珠法甚多。非必一六爲是也。

問個人住宅。與全局興衰實無關係。照宅運新案載上海小南門外。適盧主人張姓。三運建築二層樓洋房壬丙兼子午三度。離方低空。總氣口在艮角。向首及氣口得二一衰退之氣。入宅之後年年退敗。且乾角寵位山星七赤。剋制山星三四生旺木星。有損丁之憂。其次子竟于去年畢業後。不幸病歿。主人因特種緣由。遷往北市。僅留二人守宅。寂寞殊甚。急欲招一相當住戶。相伴破寂。適遇沈君。欲遷出鳴鶴里不吉之宅。
因向此分租。張沈二人入宅異運。故兩家宅運不同。于是沈家成爲吉
宅。沈宅總氣口得生氣。向首得旺氣。向上低空。且見公司鐘樓聳起。丁
祿兩宜。竈在山星一白之位亦吉。就西邊觀之。竈在生山中五生氣之
方。丁口尤旺云云。上海地勢。艮方開朗。爲上元二運旺局。張姓三運。宅
中挨星不吉。又書云。內外俱凶。成廢宅。此張之衰敗。是勢所當然。至沈
君四運遷入。四運于上海大局。亦屬衰面。乃沈君因立極宅舍不同。竟
得丁祿兩宜。絕不受大局影響。由此觀之。住宅之吉凶。祗有各個之立
極宅命爲衡。于大面興衰。似無關係。與書所謂外凶內吉。准許少康。外
吉內凶。難除瑕玷云云。實相符合。惟有時見村莊中在前後左右。偶然

誤建樓閣。卽生官非。或損人口。如此又似于大局有關。該村莊因建樓閣而生官非。損人口。是由流年方位天星不吉。又犯五黃者所致。仍不關大局乎。

答一宅不關全局氣運。全局吉而一宅不吉亦凶。如繁盛都會。豈無窮人。至上海全局之氣甚衰。故年命奸拐盜案。日出不窮。然亦有衆多人家。安全得福。所謂物物一太極者此也。適廬宅命須用替卦。吾早已批明。該書未將批語加入。致讀者未能明瞭。蓋彙向用替方準。乾方竈位犯反伏吟。門開艮。艮方山星挨四。在四運爲山上龍神下水。故喪丁。又震挨七。剋艮方三。四運三巳爲退氣。七又剋之。不利甚矣。沈宅總氣口得四。爲本運旺星。吉。用替卦。其竈在山星八白之位。吉。至五黃方位。動作必凶。橋樑公共建築。以關係全局。然與氣口無關之宅亦無碍。凡建築橋樑。其方位在五黃加臨之年月最靈。然築鐵路公路。路線既長。亦無碍也。

問住宅屋式。不論長形闊形。四邊牆壁。必以齊整爲是。但其中因地勢關係。常有前面偏斜。不能齊整。或左右闊窄。偏歪不均。如此之屋。對于住人。有吉凶關係否。抑或得承旺氣。可不拘論乎。

答牆壁不齊正。則吉凶參半。失元衰退尤凶。將房屋改造築成長方。或正方再開有氣之門。可以趨吉避凶。

問二宅之要。全在得生旺。其于失元受囚。欲更新趨旺者。照心眼指要所載。謂舊坟受囚。若遇得元合旺時。即將碑記改換。或將塚上明土。去其舊。重堆新土。自可與新塋得元乘旺相同。而收更新之效云云。按此只言陰宅。陽宅如何。未有言及。照地理全體大用所言。則謂將瓦面揭開。露天數日。然後蓋好。卽可收生旺之效等語。果有效否。

答有效。陰陽一例爾。

問住宅入囚。別開門戶。收效至易至大。書已明言。假如其宅互相鄰接。只有大街正門。別無餘地可改。照後三種簡法。可有效否。(一)換地。此與陰宅換土同。將原有屋內地面所鋪之磚石揭去。另將新磚石鋪成。各處門向。均仍其舊。此法有效否。(二)揭瓦。將近正樑處之瓦揭開。露天數日。然後蓋好。各處不動。此法有效否。(三)換樑。四處不動。只將正樑從新改換。如此有效否。

答均有效。不必換地。將屋瓦揭去四五椽露天數日。使受現在之天氣。最簡便也。但樓屋宜揭去樓板。此法簡而易行。至換樑法。將樑一轉身可也。

問三合家不明玄理。所謂失運得運剋煞等。原無定準。其遇人家損丁破財者。指其山遇煞。着將穴塚用泥塡而封之。俟過數年而後揭開。謂此自可免禍云云。而人多信行之。其法果能免凶否。

答用泥塡封。此說不足靠。若塡時遇五黃歲煞更助其凶。粵地迷信過甚。人民喜聽俗說。不能求實在學說所致。

問乘土如何。凡山穴探得太極暈內眞土。多是二三尺闊大。以棺論棺屍長七八尺大于眞土甚多。此三二尺之眞土。自然不足盡乘其棺。如此塟時以棺內之屍首正乘其眞土。抑以屍身正乘眞土乎。

答既得眞土。將棺之中心。置眞土中乘之可也。

問平常塟法。將棺放于眞土。乘納土氣暖棺。然後棺骸不朽而獲吉也。但憶童年。鄰鄉有在其村後山邊鋤泥造屋。無意中鋤見一古塚。塚內用磚石砌成堅固洞形。高及丈。闊丈許。中間砌結兩堵二尺高基。乘棺其上。引動多人到看。隨由紳耆見是古塚。用宂泥封固之。于今想象其地形勢。原爲結穴之地。惟塟法如此。不特無太極眞土乘棺。且無常土貼棺。則與塟乘生氣之旨相悖。如此塟法。果可發福否。

答能發福。浙東均此葬法。余目睹怪事甚多。(一)上虞百官俞姓發族地。(北宋時塟)開穴時只見一道清氣。亦此葬法。穴內無塵土。棺木屍骸均無。(二)王店某姓巨塚。有凹風吹穴。穴內棺木反身。(葬不過廿年)滿穴竹筋。至于凹風。余外祖吳春榮公墓。局勢甚好。因建築過大。爲僞師葬高三四丈。兩肩受凹風。葬後卽絕。後舅氏死。經　先子爲之改葬。點定穴之後。扦下五丈。而原壙中三棺。一棺反身。一棺火灼。一棺移動。親戚皆見之。

問古塚葬法。似與三合家壙內開溝。引泉水外流之法相同。究此等洞葬之法可行否。

答三合家泉水外流之法。非正法也。因地師看地不的。恐受潮濕。故用此法。吾杭因元時受楊漣掘坟之慘。乃改用三和土。取腦漿打實。(腦漿係樹葉名。其樹似樟。其葉有漿。)將穴掘深四尺左右。卽名金井。棺放井中。四面用三和土築成。底係純土。取入土爲安之義。棺上亦用三和土蓋平。浙江鐵路築路。掘此種坟墓時。至堅者以火藥轟之。亦不能動。惟須掘得眞土。然後下葬。不肖地師。往往串同土人。預埋土于穴者有之。然一辨自明。惟浙東各地地師。不能辨土。故不敢穴葬。只能築壙而已。

問古者士庶之死。葬有定期。粵俗則多葬骨。（廣肇更多）照理人死歸土。元靈未滅。似葬骨不及葬屍之佳。又凡誤葬凶向凶地。屍骸已受水蟻。殘留碎骨。如此若改葬後。尚能發生禍福否。抑或只可爲子孫者紀念其祖宗之所在而已。

答葬骨非正法。且葬骨不及葬屍之速發。殘餘碎骨。效力稍微。吾家有衣冠墓。在杭州地方。余　本生祖母。因洪楊之役。屍骨無覓處。　先子在二運扦巽乾向。局面尚好。而地僅二三分。因衣冠墓。不多購地。癸丑年坟後章姓開池。余立遭凶險。後章姓因池無水。又開深尺餘。余又遇覆車之禍。按此葬衣冠。尚有應驗。況有骨者乎。惟塟凶地。猶居囚獄。一旦出獄。如慶甦還。然其人年歲已老。無少壯有爲之氣力。只好安年而已。

此一段喻甚似之。

問探土不確。塟後有禍否。凡地原以得太極眞土暖棺。乃能不朽。假如有穴。龍局好。元運合。惟不善探土。將眞土掘去。或未探得眞土。如此塟之。能有發跡否。

答此種地苟得旺龍旺向。亦能發福。不過不出人才而已。

問土色有黃有白。有黃白間雜。以何種爲上。有無高下之別。

答以黃色爲正。白色易受潮濕。黃白間雜者。較白色爲優。然各地各色不同。至眞正土質。細潤有光有色。以手捫之。在初掘時。軟滑如有油然。見風卽硬。聞粵東俗尙。往往掘土深至一二丈。實太悞事。掘至四五尺見土已可。如一見土暈。便可不再掘。切勿爲俗說所誤。

問選擇之法。照三合者言選擇之要妙。能以人力取勝而邀福祉。又天元歌有初年禍福天時驗。歲久方知地有權之句。其意卽二宅之吉凶。初用事時。未承地力。未能生禍福。所以禍福者。乃由用事時之年月日時而生也。但平日見人二宅。于用事時所選日課。其遇凶煞者。固每應凶。所謂吉者。四柱合局。生扶龍山主命等等之如何爲吉。每不見其吉應。

只幸無凶禍而已。究之選擇果能以人力取勝獲福否。抑以四柱造命之法不能應。而以天星紫白爲得應乎。抑僅可避歲破五黃三吉使無凶禍。自是爲吉。亦卽自是人力取勝之法乎。

答三煞太歲宜切避。四柱八字謂之造命。造命者人已死無命。再取吉日。使已死者如更生之意也。此種吉課。不足爲訓。死排一呆板八字而已。其吉凶如何能應。總之可謂吉者絕對不驗。而所謂凶者則無一不驗。蔣氏用天星。然用果老星宗法。不及現代用天星爲精。廣州蔡氏最白。算法尙合。惜于紫白有所悞會。蔣盤十二舍二十四節氣。係擇日之用。今諏吉者均未知。卽爲三合之本旨。其法夾宮對照。（卽申子辰巳酉丑等每一山。）一年有六日可用。能知其法。諏吉甚易。

問三合家神煞甚多。五黃歲破三煞而外。又有陰府官符等等。假如得紫白吉星。可不畏太歲三煞否。又急于用事。五黃到山。擇得太陽到山臨照。可以不忌否。

答三煞太歲宜忌。陰府等小煞無關。紫白只畏太歲。太陽不能制五黃。如過五黃到山。均須緩葬。三煞亦然。

問二宅于立極時所佈年月日時九星。將來能與坐山向首所得飛星同其吉凶否。現假例言之。比如于甲戌年葬寅山申向。除急于用事。犯坐太歲不計。所得時日九星。向首一四同宮。坐山一六共宗。如此將來能與山向飛得之一四一六同其吉否。

答如此擇法亦可。

問選擇以何者爲重。前問甲戌年。塟寅山申向。除急于用事。犯坐太歲不計。所排日時九星。惟力甚微。推所謂天星者。尚須太陽臨照或交照否。抑太陽紫白。兩者均要合吉。方爲全吉。抑或除不犯太歲五黃三殺外。專以白星爲主。全未明瞭。乞再示知。

答須除太歲五黃三殺。擇三合六合。而無日五黃者。用之可也。學地選擇。迷信甚深。天星之外。又加無窮神煞。神吉煞凶。但是陰陽原理。合則吉。沖則凶。而天道一層。多未研究。天道是氣。通書每月下詳細載明。同氣同時交脫。例如今年。

正月建寅雨水太陽入亥宮　初一日　寅亥合也

二月建卯春分太陽入戌宮　初一日　卯戌合也

三月建辰穀雨太陽入酉宮　初二日　辰酉合也
四月建巳小滿太陽入申宮　初四日　巳申合也
五月建午夏至太陽入未宮　初六日　未午合也
六月建未大暑太陽入午宮　初七日　午未合也
以下類推。所謂天德月德天合月合月空。皆由此推出。卽黃道也。今所謂吉日。指地道言。黃道吉日。指天地合德言。不可不明辨之者也。能得吉日。黃道又吉。紫白亦合足矣。如明太祖葬親。當時焉有選擇。可以爲例。

問擇日原與卦氣並重。書謂冬至甲子起子之半。又謂甲子起中孚。是卽冬至起于子之半。而爲中孚卦所屬也。查各年曆書。冬至節之首日。如甲戌年爲丁卯。乙亥年爲癸酉。所謂甲子起于冬至日者。未爲盡同。卽黃星若之卦氣解。亦無說明。依照每卦管六日七分。是否每年冬至節之首日。須由子月下半月起甲子。由甲子而乙丑。而丙寅丁卯戊辰己巳之六日零七分。爲中孚卦所屬。順直輪去。以至爲蹇爲頤。周而復始。明年又在子半起甲子。而爲中孚用事否。

答一交冬至。卽交中孚。所謂冬至甲子起中孚者。通卦驗測第一冬至是甲子日。餘則非呆板甲子日也。蓋六日七分之學。歷年遞推。甲子雖異。而卦氣則不動。因卦氣之起原。實出九宮。故以此法諏吉。方不失玄空之本旨。

問各曆書之冬至節日。未爲盡同。此由歲差所致乎。但周天三百六十五日四分之一日爲一年。卽由歲差。而十二月之節氣。亦必排足十五日而後爲一節氣也。既各年之冬至節日不同。以日時紫白而論時由日定。日由月定。如此對于日時之紫白。似不準確爾。抑或另有推法乎。

答卦氣起于中孚在甲子之日。係當時曆源。（其根如此）後因節氣遲早。則以後之冬至。非甲子日矣。故曰紫白表中冬至前後甲子日分順逆之說。卦氣與紫白須相輔而行。蓋陰陽之理。均可貫通。前寄九宮撰略。雖未及卦氣之說。而紫白與卦相通之理。已明白言之。因天下之事理。只有一法。並無二致也。推法極呆。非如九宮之流轉。擇日時所得紫白與呆板卦氣圖。彼此互校。以避反伏吟而已。

問張心言陰陽開闔圖。其卦位下所列之數目字，如坎宮益三屯七頤六復一坤一剝六

[illegible]所舉。書內羅盤亦共取之。其意義及其用法何如。

答。毫無深義。四川有高姓。以此爲秘訣。如二一運葬地。則用谷觀。大謬不可爲法。

問張心言順逆排卦之法。此即照山向飛星配成之卦。與先天所値之卦。兩相較量。看其爻中分金。對于坐山分金。有無相同。同則爲反伏吟。故而避之。爲立向趨避之法乎。

答張心言根本已差誤。其書只可作小說讀也。先子當時謂心言一派能知卦理。然學術尚淺爾。六十花甲分金。以飛星爲斷。飛星爲二。一屬壬子癸。如壬字分金乙亥丁亥己亥辛亥癸亥。天盤如遇一字。則兩相較量。遇反復吟避之。若在五運立卯山酉向。天盤之卯。與地盤之卯相同人以爲反伏吟。實則否也。因用分金時只用天盤。不用地盤。向上字飛爲卯星之五字。即卯氣。然五字無分金之可言。且五爲皇極。其氣包括萬有。并無反伏之可言。此中最宜分別也。

問書中六十四卦世次圖。所列各宮之世次卦。爲乾爲本宮上世卦。姤爲一世卦。遯爲二世卦。否爲三世卦。觀爲四世卦。剝爲五世卦。晉爲遊魂四世卦。大有爲歸魂三世卦等。其用法究爲何如。

答分金用先天六十四卦。不分宮位與世次。故列下表。使人明白宮位與世次之位。如分金遇姤。則知姤在乾宮而已。

乾 ䷀

姤 ䷫

遯 ䷠

否 ䷋

觀 ䷓

剝 ䷖

坤 ䷁

乾 五爻變爲䷍大有歸魂

否 五爻變爲䷢晉 游魂

問書中分金有轉移之巧。不獨關于穴中爲要。穴上所見砂水。亦有奇驗等句。此轉移是指立穴時補洩言否。奇驗是指卦氣生旺有所應否。

答此奇驗是小事。如得旺龍旺向。雖有小病。無損大局。如丙子庚子等是應在生肖。卦氣應疾病。叢說中已說明。勿疑。穴上所見砂水。無一不要分金。指小地也。若大地則不然。天下未有盡善盡美之地。總有一種欠缺。富貴之地。無一不犯桃花。富貴之人。犯桃花者不過多娶姬妾而已。若于一種之地。不堪寓目。挨排出來。逢二四七九同宮。如此非妓女即下流。與富貴人不同。生肖應驗。然吉地葬後。遇分金之年始生子。凶地遇分金之年。出盜賊淫女。再遇反伏吟。則凶上加凶。如女人本已淫亂矣。因淫亂而身羅大辟。可以類推。總之巒頭爲體。理氣爲用。巒頭不眞。理氣無用。三復斯言可也。

問立向既重分金。假如立向時以騎正分金爲主。抑以騎正卦位爲主。

答騎正分金。如子午向。取戊子庚子。不取卦位。

問分金以補洩爲主。此所謂補洩。即指生剋言乎。

答曰然。醫云不足宜補。有餘宜洩。地猶人也。本源不足。雖日服參茸。適足以速其死。先天足者。雖遇瘟疫。不過一時之痛苦。其人仍無礙。以巒頭論。堂局不佳。以理氣論。不到山到向。雖補洩亦何益。分金之力。亦猶是而已。

問書中論向水。將令星與地盤互相對照。求生剋若何句。按各山向不同。各元運亦不同。五運五黃入中之盤。何能運運適用。此地盤指何盤言乎。

答地盤。即南午北子東卯西酉之地盤也。俗謂之元旦盤。因玄空須運運挨排。此挨排謂之排山訣。又謂之排掌訣。運運不同。所謂生　。亦運運不同。要運盤去生地盤。去剋地盤。不要地盤生剋運盤。然到山到向。所謂一貴當權。則不要緊。如四運午宮挨八自明。

丙　丑　丙爲火生丑土爲生出凶

午　八　艮　午爲火生艮土爲生出凶

丁　寅　丁爲火寅爲木是木生火爲生入吉

至如兼向用替星。當以星定之。與上不同。

丙　丑　破　丙火剋破軍金剋出凶

午　八用替　艮　破　午火剋破軍金剋出凶

丁　寅　弼　丁火與弼火比和吉

立向消水之正道。收山出煞之要訣。分金時如山向飛星遇一。若向首遇坎是也。然效力甚微。總之玄空宜活用。如到山到向矣。必須坐有山。朝宜空。如上山下水之地。現在四運。亦可取用。必須坐空朝滿乃可。因上山而向上有山。下水而坐後有水也。如二運乾巽大旺。然不可兼左兼右。兼則必絕嗣。因用替卦。丁星入囚。過生子之年。必損丁小產墮胎。此種宜用直達之向。切忌補救之向。（直達補救之向章氏直解已明言之。然淺人未悉。）

一 三二	六 七六	八 五四
九 四三	二 二一	四 九八
五 八七	七 六五	三 一九

山管人丁。山星運盤三。用替卦挨卯。卯即巨。以二入中。二爲本運旺星。今當旺之星入中。即二入囚不吉。故子嗣必絕。若用乾巽或亥巳正向。則丁財貴秀矣。

問書中反伏吟之山向。按零正空實而用之。亦可化凶爲吉等句。反伏吟原爲凶向。今得零正空實合法。反吉無凶。此空指低空言乎。零神之義爲何。

答凡犯反伏吟之處。遇低空無礙。遇零神無礙。零神即用向上地盤而來者。非飛星挨排而來也。零神在向首。故四運之零神爲辰山戌向。四運下葬。致富者甚多。

問分金應法。設例如上圖。巒頭端正秀美。局勢平正。來龍水法。均合人元寅山申向。在此四運立極。坐山寅位既濟卦。戊寅庚寅分金。向上未濟卦。丙申戊申分金。有秀峯。左方貼耳峯乙位。辛卯分金。左來水己位。癸巳分金。去水辛位。如此何年應山。何年應水。請詳示知。

答此問題過大。且近日冰寒硯凍。只好簡單舉例。如坐山寅位。地盤寅。天盤辛。辛剋寅。爲剋入。旺。天地盤相遇。爲上艮下兌損☶☱。六十四卦分金爲☵☲既濟。與損無反伏吟。至寅之納音分金。爲戊寅土。比和。庚寅木剋出。損爲艮宮三世卦。土重。又在艮位。亦爲土。剋出本凶。然庚寅之分金微木。又爲兌金所剋。其力甚微。主庚寅生子。其性仁慈。然善善而不能用。惡惡而不能去之流也。又向上飛星爲四七。四爲巽。七爲兌。上巽下兌中孚☴☱。與既濟相較。無反伏吟云。餘類推。

問按上文答示。可明大概。況現時又值天寒硯凍。原不應再問。惟思庚寅生子。善善不用。惡惡不去云云。憶及敝友姓黃者。深中此病。欲振作而不能。卒無建白。又有吳姓者。亦類如此。每爲寒心。人類原以仁慈爲貴。

但其善惡不決。等于愚爾。按五行。以中和爲貴。不論金木水火土五性。一旦被剋洩太過。卽變爲其性。太過不足。將來生肖遇之。均如上之庚寅木肖者之生此偏弊。非限于此庚寅者。乃有此偏弊乎。再舉奉問。乞便時詳細示知。

答前答因天寒筆凍。未能細答。何年應山。何年應水。原擬春來函告。茲再略答如下。青囊序云。龍分兩片陰陽取。水一片管財祿。山一片管人丁。水裏何年得旺氣則得財。山裏何年得旺氣則添丁。此活潑潑地。將流年之飛星。加諸天盤之上。以分金之納音互參。如納音爲金。遇土則吉。遇金則比和。遇水則生出。山上主人有疾病。水上主人耗財。可類推也。此現在四運之排法也。倘至五運。又將五之客星。再飛一盤。以客星之分金與元旦盤之飛星合闔之定其生剋可也。又如四運所葬之地。尙未入囚。四運過後。在五運時。五字處有水將五字處分金之字論生剋。則財祿可斷。五字處有山將五字處分金之字論生剋。則人丁可斷。在人心靈巧而已。總之五行以中和爲貴。而龍身亦有强弱之別。强弱則生人秉性不同。而事業則異。如强則爲長官。弱則爲守財翁。性同而事業不同也。又最可怕者。如分金處。逢山巉岩巨石。水則斜飛。又如紅廟形狀可怪者。逢凶則愈凶。逢吉亦不吉也。

問假如其山所葬之人。生前無子。已屬絕嗣。其後由別人入繼而祭祀之。如此葬後能庇蔭其繼祀之人否。又如其人一妻一妾。或妻無子而妾有之。或妾無子而妻有之。如此于無子者死後所葬之山。能一體禍福其子孫否。抑此中道理。不分血統。凡無子而死者。其葬之山。由繼承奉祀之人。山吉者必得其福。凶者必應其凶乎。

答此理至淺。僧道乳母。均能蔭及祭主。即諺云孤坟蔭祭主是也。

問書中豫以食停句。震木剋制土豫。故必停食。按豫卦由震坤而成。震在上則爲豫。若震在下則爲復。豫與復性情不同。若不嚴分之者爲上爲下。則讀豫時讀復。讀復時而讀豫。卦爻不同。吉凶顚倒爾。此中未見明文。究以向星爲上卦。抑以山星爲上卦乎。

答山星居下爲内卦。向星居上爲外卦。此一定之例也。若雙星在向。雙星在山。亦以山星爲下卦

問替卦之法。于山向皆有替可尋時。向首不吉。替之則合元貞吉。但有時

幷坐山亦替之。反爲不吉。宅斷山星不見有替。如此專替向首而不替坐山。能否任人隨意。抑凡有替均須取替乎。

答宅斷于坐山不用替。係章仲山欺人之事。其實有替者均須取替。不能任人隨意。宅斷少一句聲明。再版時當補入。

問現市上羅盤似有度而無分。凡兼向兼過三分須用替句。此三分指盤中何層之三分言。

答周天三百六十度。每一字得十五度。五度爲三分。三合盤二十四山之邊二層。卽左兼右兼也。並非消撥水砂之用。兼向時用三合盤極便利。奈今之習三合未能知之。妄指東西爾。惜哉惜哉。

問書中統臨專臨何。是專用于陽宅。推九星流年到方乎。又何謂專臨。何謂統臨。

答統臨專臨。如現在四運。排到四字。卽專臨也。遇六字。卽統臨也。因六爲中元統卦。陰陽兩宅。均如此推。惟陽宅客星加臨。較陰宅尤驗。查宅斷陽宅諸斷自明。至紫白訣所云。萬不可從。

問書中取得輔星成五吉句。如此既得令星到山到向。不得輔星。尙有凶否。

答令星到向一吉也。到山二吉也。向傍二宮(如子向艮乾二字處)有水者挨得一白六白八白三吉與四吉也。如現在四運。其八國有水處挨得五字。五爲未來之氣。卽一吉也。此謂之五吉。只要到山有山。到向有水。則人財兩旺。雖不得輔星。亦有吉無凶。

問書中挨輔星之法。即替卦。一挨立向消水之用。即收山出煞。其法亦與替卦同。挨得之星。于分金時如與六十四卦成反伏吟者。則另移位置等句。于此如何挨法。如何移位。全然未明。請詳釋之。

答兼貪兼輔。係言替卦。如宅斷稿中堂一地是也。可揣摩之。紫白以三白爲吉。貪一白。輔八白。不言兼武者。因武包括于一白八白之內。即舉一反三之意。上元取貪。中元取武。下元取輔。上元用輔。下元用貪。則功效不同。所謂貪輔不同論也。然究係吉星。所謂天氣下降。地氣上升。說見周易示兒錄。至另移位置。即另改向也。下卦之地。亦有五吉。不用替星取得。如四運之丁癸癸丁兼向。雖只四吉而無五吉。然葬之坐有山。向有水。則財丁兩旺。惟此種兼向極危險。交五運甲申年上山下水。丁財大敗。癸山丁向。雖犯向煞。尚可修理。使星辰一變作五運論。如丁山癸向。是年三煞。萬不能動。甲申一年中喪丁破財。必不能免。若得別攻旺山相補。則禍稍減輕。

問書內空位忌流神句。此空位指何處言。流神是指來去水言否。

答流神卽水也。玄空取水。不論去來在穴上見某字水。旺在某運所忌者流神之外。傍二宮見過時之水。卽現在四運。向傍見二字三字之水。又如子山午向。午字上無水。而丙字丁字有水。此丙丁空位也。遇此宜用兼替補救。又替卦旣用星。城門水口等。亦當以星排爲是也

問書中凡用替卦。向首無明水者。前十年作本向論。後十年始由替星輪傳取斷句。假如現四運。前十年甲子已過。在甲戌後所葬之山。向照後

十年論。即將替星推斷吉凶乎。抑須由葬日起。計分前十年後十年之期而論乎。

答不必自葬日起。甲戌後當以替卦論。

問兼向用替。校量反伏吟。原兼向用替之山。入國所得者是星而非卦也。校量時即將向首天盤所挨之卦位如何。與山向所值之卦位如何。兩相校量。抑山向所飛排之星。不必校量乎。

答替卦山向排值之星亦卦也。仍須查反伏吟。惟到向到山之地。所謂一貴當權。諸邪盡伏。雖遇生出剋出分金之反伏吟。爲禍甚微。

問兼向如兼一分二分者。原不須用替。若兼至三分以上。則必須尋替云云。此原一定之法也。但以宿度計算。兼至三分以上者。不爲六度。即是七度。似此非屬差錯。卽近出卦。或居騎縫。譬如每逢山向兼至二分以上。卽將用替取斷可行否。

答兼則有一定。可避差錯出卦。今之正向。實非正向。因磁差三分。而正向已兼三分矣。四運之乾巽。原爲反伏吟。如向上有水。而震宮有水放光。能用兼向。則四在震宮大利。向上之三係卯。兼則以二入中。當元旺星四綠到震。所謂兼向爲補救之向。爲救貧之向也。至在騎縫山向。其人作事。反復無定見。心身如坐飛艇。搖搖無定。陽宅尤驗。

問書內羅盤圖式第八層所列山向六爻分金。實未明其用法。

答如在四運用艮向坤山。艮是无妄䷘明夷䷣。坤是訟䷅升䷭。今天盤坤挨一。一卽坎。坎之分金爲䷁坤爲䷗復。與坤相較。復☷

☷與明夷䷣遇。復有坤。明夷亦有坤。其氣叢。爲反吟。然天盤。其力甚微。其效亦淺。肖羊未猿申之人塟後生者。患腹疾或鴉片賭博之類。又以山向之飛星。合成一卦。爲四一。即䷺渙。以坤之天盤復䷗與明夷䷣相較。無反伏吟吉。

問觀上文反伏吟之法已明。假如現四運辰山戌向。是反伏吟也。按于反伏吟遇水遇空無礙之旨。向上低通可置不忌。惟到山向星之乾六。山爲實地。其凶可能免乎。

答六乾到山。與巽四暗合十。無礙。然反伏吟遇空無禍。實則凶。此外仍宜愼之。

問現在四爲旺星。一貴當權。諸邪攝服。但在乾方爲反吟。如此尚能作當權無凶否。

答無凶。因合十也。如乾方得水。或爲門路。過年星四綠加臨。致富者甚多。

問一九兩運之壬丙山向。均犯反伏吟。惟其爲何而犯成反伏吟。再三排列。未甚明其所以。照一運壬丙。除全局向星犯伏吟外。向首天盤挨到五黃。五爲皇極。包函萬有。其分金亦無反伏。置不具論。向上先天之卦。丙中爲大壯大有及半夬。大有☲☰中有離☲卦。與向上飛星合成卦之晉卦☲☷相較。晉中亦有離。彼此同叢離氣。卽爲伏吟。此向上飛星合成之卦與先天卦校而犯伏吟也。又向上飛星合成晉卦。卦爻分金。與坐山所坐已亥相校。晉爲陽。與陽遇而順排。順則由右而左。下爻爲己巳。（己巳 己未 己酉 乙卯 乙巳 乙未）此己巳分金。與坐線之己亥相反。如此卽爲卦爻相反而犯反吟乎。究屬如此校量否。

答譬如是向。首向九犯伏吟。而一運用之間上有水。其水已退氣。作煞水

	向	
	大壯夬	
九 七四	五 二九	七 九二
八 八三	一 六五	三 七四
四 三八	六 一一	二 五六
	觀比剝	
	山	

論。至其分金。九字昇離。大有處是爲反吟。至夬與大壯雖相叢。然爲先天卦。先天體也。不作反吟。壬字處比字。則作反吟論。因雙一遇坎也。至己巳分金。以納音論。己巳木。己巳處卦位爲大壯。大壯有木有金。然大壯坤宮卦也。作土論。土被木剋矣。然土多。剋之無害。所謂不足宜補。有餘宜洩之也。

問犯反吟之山向。所發生小產等禍害。是照卦理卦氣而應其疾病。照生肖而應其人否。

答大有爲乾之歸魂卦。作乾論。戌亥二命當之。睽爲艮之四世卦。丑寅二命當之。晉爲乾之游魂卦。亦戌亥二命當之。餘類推。至小產不育等。今舉一例。如二運坐乾巽或亥巳山向。到山到向。財丁兩旺也。若乾巽兼向或亥巳兼向。則皆有財而無丁。并多小產不育等病。因兼則用替。用替卦則不以三入中。而以二入中。時在二運。以二入中。即丁星入囚。丁星受囚。即女人生產。必犯小產不育無疑。如此丁星入囚。雖富而無子。不必推反伏吟之卦也。

問顛倒之山向。每遇流年旺星加臨而見凶禍。其中犯禍反伏吟之山向。又如何而復見福。

答反吟伏吟。其卦氣已亂。流年旺星加臨時。反助其亂。益促其凶。往往是年立時得財。立時破財。并見人命官非。

問凡山當令時。所謂一貴當權。自可無凶。若失元時。則被剋者凶禍難免。假如四運艮山。向星飛七。天盤又七。七制山星之四。如此交五運作受煞否。抑甦時得旺。則猶春生之樹木。自後開枝結實。究其未到枯死時期。雖遇華霜冬雪。亦不畏乎。

答凡得元當旺之地。在未囚時。有吉無凶。因年月日時客星生助。即如開花結果。年月日時客星退休。即如冬霜。有一年不利。而其中有數月可利者。有一年利。而其中有數月不利者。平均計算。旺山旺向。尚未囚時。决不能搖動。例如旺山旺向。作一公司。年作支店。月作分銷處。倘遇分銷處停業。與大公司基本。仍不能動搖也。四運艮坤。一運始囚。此比喻細思之。

問推斷二宅。原以卦氣與分金爲主。而照宅斷所斷。有時似取運星同斷。究以運星能推禍福否。

答運星不能斷吉凶。財以向星斷。丁以山星斷。此定例也。總之玄空須活用。不可呆用。如一四同宮。得運時則功名可取。失運時則犯淫亂。故宅斷有遇一四同宮。主母與和尚通奸。可悟也。又如祕旨火九燒天門六。是九六。丁丙九朝乾六。亦是九六。失運爲火燒天。得運爲丁丙朝乾。貴而多壽。夭壞如此。餘可類推。至丁丙朝乾。非丁丙兩字朝乾。若丁丙朝乾。卽犯差錯之病。言丁丙是舉離卦言。其中含有午字。此不可不知。午字朝乾。丙字朝戌。丁字朝亥。得運之地。九六同宮。卽丁丙朝乾。主貴而壽。或山星排得九字。向星排得六字。六是丁丙朝乾。故玄空宜活用也。

問書內一六聯珠句。原其向星與山星相配。乃正當之一六共宗也。但有時不得山向兩全。祗天盤挨一或六。與山向之六或一。飛到相遇。如此亦爲一六共宗否。又如地盤之坎一。或乾六方。遇天盤挨來之六配于坎。或挨一到乾。如此可作一六共宗否。

答均作一六共宗論。聯珠不僅一六。二七三八四九皆爲聯珠。不過無一六之佳而已。

問二五交加之凶。即黃遇黑黑遇黃之凶也。但于一貴當權時。二運之二。五運之五。如此交加。尚有凶否。

答當旺時二五交加出名醫。以醫起家。此言排山排水也。若二字五字年神排到五黃。雖名醫自己亦病。

問中宮所値飛星。能與八方所値飛星。遇流年客星加臨弔動。卽生吉凶。如一四六八相値者應其吉。二五三七者卽應其凶否。

答中宮與八方同。中宮値旺。八方獻美也。陰宅主靜。不獨年星加臨。吉凶立見。而月神亦驗。若二五運之二五。如五字加臨。是年病不能免。病者肖子者爲多。三七運之三七。三七遇三七加臨。旺上加旺。入囚後主火災。加九字尤驗。得令時所謂震庚會局。文臣而兼武將之權矣。陽宅更驗。

問書中殺旺須求身旺爲佳。造塔堆山。龍極旺宮加意。制殺不如化殺爲貴。鐘樓鼓閣。局山生旺施工等句。此法在陰宅能施用否。

答陰宅靜。宜聽天命。陽宅動。可以人爲。陰宅如建塔堆山。一旦兇煞飛弔。

反生禍災。陽宅動如塔山樓閣凶煞飛臨人可趨避。如移徙別間。移房安牀等類。俟凶煞過後。再回原狀。至易事也。惜三合俗說僅知鑿池建塔。未知施用之故。呆拘死法反增禍災爾。

問宅斷言貴者。甚少言武。雖有出鼎元。出總兵格局之句。然亦多言飛星。而少形局。究竟出文出武之巒頭爲何。抑以飛星爲主乎。

答大地形勢。固可斷文。亦可斷武。如一四一六均可斷貴。形面秀美者斷文。如頑金巒金亦有發者。此等地遇一四一六均可以武貴斷之。即尖秀出文。員正出武也。然亦有一種地形面雖美。而山向飛星過震庚會局。如此决不能出鼎元。出武臣無疑。又巒頭爲體理氣爲用。飛佈不合。亦無應也。

問書中財丁貴秀一段。斷新坟吉凶。以巒頭爲重。舊坟則巒理并重等句。此新坟舊坟之分。平常葬後經幾許年期。乃作舊坟。

答新坟得天氣遲。得地氣早。到山到向之地。吉則更吉。上山下水。凶則更凶。至新坟年數。如四運葬寅申旺山旺向。巒頭佳美。則吉上加吉。至五運作老坟論。然須八國山向飛星而斷。入囚則無氣。巒頭雖好。亦無用也。又新坟並重零神正神。零神正神。用元旦盤。如三運以七爲零神。三運旺向爲卯酉酉卯辛乙乙辛辰戌戌辰。然此六局之地。卯酉乙辛二局。發福最速。因零神在兑故。所謂寅葬卯發。卽此局是也。然向上無水。則零神無力。

問財丁貴秀段。末尾仍以實地巒頭斷生肖可也句。如三運葬卯山酉向。

前面低田。乾方則水外尖峯飛星巽四。現値四運當元。一旦客星加臨固可發貴。惟此肖命。照于坐山卯命。如辛卯生者爲應。抑取乾方之巽爲主乎。

答此地乾方特水。主辰己肖本運致富。取四巽斷。若無此命。木命者亦發。

問陰宅以分金定肖命。原一定之法也。如陽宅亦照此以推肖命否。抑陽宅取飛星爲斷。便可乎。

答陽宅是活動。與陰宅不同。照山向飛星推定可也。

問書中陶宅。五運丑未向上飛佈二五二。被阻樓塞。六七兩運。病人常見女鬼。後則不見等語。二黑陰卦。失運固主鬼怪。但六七兩運未失運。且後不再見。又未見其更改門向。換星辰。此是由六七運所挨客星爲三四木。剋動坤土。及生助五火。故此發見。其後不逢生剋。故而不見乎。

答凡陽宅在入囚時。始見鬼怪。騎縫向更多。因人心未安。鬼神卽生。陶宅前面樓阻。星辰雖不囚而形局日在囚中。故出鬼怪。女鬼者五運之未爲陰。雙二又陰。故主女鬼。五運不出者。究因一貴當權。諸邪可攝也。

問宅斷徐姓祖墓因山上旺星是五。故斷中鄉榜五人。其出一神童十五歲中進士者。亦由山向與中宮之五。合成十五。故斷爲十五歲乎。

答六入中。飛乾是五。故入五人。神童未知何年生肖。此向不能妄答。已向徐氏查其生肖。

問中進士者至十九歲吐血而亡。此從何處推爲十九歲乎。原易之爲數只五。多則宜加。少則須減。習三合者每謂人家祖坟某向出文科武甲幾名。某可出丁幾千。發財幾千百萬。此三合取甲己子午九之數爲推。
抑岩言乎。所指數目多少。究以如何推法爲定則乎。
答紅廟之九。即作十九論。甲巳等之九數。習三合者言均無準。宜用洛書。
此法人多未知之。列于下。一三七九天數。即生數也。二四六八地數。即
成數也。凡天數皆以一起。而以三乘之。如一乘三。即得三。三與三乘。即
得九。三與九乘。即得二十七。凡十數二十數去之不用。去二十不用。得
七。即爲七。三與七乘。得二十一。去二十不用。即得一。地數以二起。皆以
二乘。以二乘二。即得四。二與四乘。即得八。二乘八。即得十六。去十不用。
即得六。二乘六。爲十二。去十不用。即得二。如此細推自得。
答再版玄空學六頁。新增某姓祖墓。二運乙山。其中有兩點不明。(一)二

運之乙山。三運旺星入中。一白到山。長房添丁云云。一白雖爲上元得
力吉星。然其到山。山上飛星。絕無一白。何能添丁。又添丁屬在長房。疑
而未得其故也。(第二點另問)
答一白到山。與九相遇。可添丁。仲山云次房。非長房也。又中宮值旺。亦能
添丁。
問第一點已明。至第二點。仲山註巳命人發福。酉命人發秀云云。此中發
福發秀。如何而發。更難明白。
答此圖主則先由錢氏家譜錄出者。則先從向上之地盤取斷。此係總訣。
切記四非在向首之四。仍地盤之四。主巳命。七仍地盤之七。非在坎之
七也。主酉命。不言辛者。因辛屬干。非支也。巳命地盤與天盤合四一同

宮。本主發秀。然無明水發光。瀦聚池水。係辰字。以一入中順排。池水係九。一九相遇。向上飛星三碧木遇之。爲木火通明。故長房起家。震爲長男也。酉命地盤七。七屬辛。辛干也。酉內含辛金。故主酉命。三運一白入中之年。三到向。與七合十。中宮向上飛星之四。又與一合。一四同宮。故主發秀。

問八卦分屬之公位。如乾爲父。坤爲母。震巽屬長房。坎離爲中。艮兌爲少。又乾爲長。坤爲次。爲少。此八卦所屬也。然世人往往不只三子。常有四子五子或十餘子者。假如遇此多子之山。仍皆照八卦所屬而分其爲第四子者。又作長子。以震巽屬之。其第五子。又以坎離屬之。第六子者。又作少論。其第七子者。又復作長。以震巽爲屬。周而輪斷。不論其子多至十數以外。均准此而推否。抑別有斷法。

答所言是也。無別斷法。

問二宅所排之卦。衰敗剋煞時期。固由其所排何種之卦。即招何種凶禍。假如得運應吉之時。其爲士農工商業而獲福者。亦必由所排得之卦。屬于士農工商之事業。而後易致其吉否。例如乾卦而論。其凶時頭痛肺病吐血等禍。此因乾卦于身體爲首爲肺之所致。又應吉時。其地大者爲軍吏。爲武職。爲大富等。此由乾卦于天星爲軍吏。爲貴人。爲富之所致。若平常小地者。爲金工金業。石匠石業。此乾卦于物爲金爲石之所致。應吉應凶。果如此與職業之關係否。

答所言誠是。應吉應凶之理。並視巒頭若何。

地理疑義答問跋

周官有墓大夫之職。孝經亦載宅兆之文。地理自古見重。顧事繁而理深。竹帛所載。莫得考其詳也。且夫古之著者。每不傳訣。非師承口授。罔得其奧學術由是而晦而失者。豈僅玄空之學哉。及楊曾中興。蔣作辨正。雖有辨謬闢惑之文。徒使人愈惑愈謬。其害不可勝數。論語所謂生事之以禮。死葬之以禮。祀之以禮。此仲尼雖身處亂世。猶斤斤焉以信其義。蓋誰無父母。誰非人子。胥置葬事不講。忍令親骸水蟻。身蒙其禍而殃及人羣哉。沈師　先德竹礽先生痛念於此。輕家赴之訪名師。博覽祕笈。於是玄空之義。始大明於世。吾　師夙承庭訓。爰董遺篇。殺青刋布。卽舉世所重之沈氏玄空學是。然苦其深奧。時有問難。歷時既久。竟成一卷。藏之行篋。初未嘗有梓印之意也。今茲中原沸鼎。吾　師避地淮南。饑寒流離。而敵機復肆虐。人將不堪其憂。而吾　師泰然不改其志。奮筆撰九宮撰略玄空古義等書。於周易之邃奧。玄空之精義。莫不闡明。每一稿就。輒郵古井。且諄諄訓誨敎以處亂世讀書之方。天德銘感　師言。雖古井淪陷。攜稿與俱。今吾　師走上海。天德躬來省視。相見歡然。慨難險之際。諸稿尚存。豈天之未喪斯文耶。乃商定體例。付諸墨版。卽以答問附焉。斯書顯淺。敍述詳明。使後之習玄空者。卽以此爲入門之階可乎。

中華民國二十九年三月鶴山楊天德純三跋于上海寄寓

心一堂術數古籍珍本叢刊　第一輯書目

堪輿類

謝氏地理書
地理學新義
平洋地理入門、巒頭圖解合刊
平洋地理闡秘（全彩）
華氏天心正運
地學形勢摘要
司馬頭陀地鉗
鑒水極玄經　秘授水法　合刊
地理輯要
地理辨正揭隱　附連成派秘鈔訣要
地學鐵骨秘　附　吳師青藏命理大易數
趙連城秘傳楊公地理真訣
趙連城傳地理秘訣附雪庵和尚字字金
山洋指迷
三元挨星四十八局圖說
張氏地理錦囊
青囊一粟
堪輿秘訣彙釋
風水正原
風水一書
金光斗臨經
論山水元運易理斷驗、三元氣運說附紫白訣等五種合刊
《沈氏玄空吹虀室雜存》《玄空捷訣》合刊
《玄空古義四種通釋》《地理疑義答問》合刊
王元極三元陽宅萃篇
王元極增批地理冰海附　地理冰海（原本）
地理辨正求真
地理小補（全彩色）
辨正發秘初稿（全彩色）
地理辨正翼
天機心竅等地理秘書四種合刊
李文田注撼龍經
家傳地理陰陽二宅秘斷
地理前五十段、後五十段合刊
挨星考注
地理三會集
三元山水秘密真訣（全彩色）
諸家風水選擇秘訣匯鈔
三元地學秘傳

易盤暨各派風水秘驗斷鈔
羅經解
李默齋家傳地理秘書　辟徑集　合刊
天機素書
地理辨正發微
玄空挨星秘圖　附堪輿指迷

命理類

命理大四字金前定數（全彩色）
韋氏命學講義
命理斷語義理源深
千里命稿
文武星案上下卷
精選命理約言
斗數宣微
斗數觀測錄
地星會源斗數綱要合刊（全彩色）
皇極數（1－4）
星命風水秘傳百日通
鐵板神數（清刻足本）——附秘鈔密碼表
邵夫子先天神數（1－2）
斗數演例（全彩色）
滴天髓闡微——附李雨田命理初學捷徑
算命一讀通——鴻福齊天
命學探驪集
命理用神精華（原本）
澹園命談
命理尋源
新命理探原
滴天髓微義
蠢子數纏度
先天蠢子神數
《斗數秘鈔》《紫微斗數之捷徑》合刊
命譜
徐樂吾滴天髓微義
徐樂吾命理尋原
段氏白話命學綱要
八刻分經定數（密碼表）
子平玄理

占筮類

擲地金聲搜精秘訣
卜易拆字秘傳百日通
易占陽宅六十四卦秘斷
湘子周易卦

相法類

相法易知
相法秘傳百日通
新相人學講義
手相學淺說
神相全編正義
相門精義
大清相法

三式類

壬課總訣（全彩色）
六壬教科六壬鑰
壬學述古
奇門揭要（全彩色）
奇門大宗直旨（全彩色）
奇門三奇干支神應（全彩色）
奇門廬中闡秘（全彩色）
六壬秘笈——韋千里占卜講義
奇門行軍要略
大六壬類闡（全彩色）
甲遁真授秘集
大六壬尋源二種（上）（下）
奇門心法秘纂（全彩色）
奇門仙機（全彩色）
大六壬尋源二種
秘鈔大六壬神課金口訣
秘傳六壬課法附金口訣
大六壬指南
大六壬探源
太乙鑰
太乙統宗捷要
太乙會要
六壬經緯大全

其他類